Monika Lydia Strobel

Das Liebesprinzip

*Der Weg zu mehr Herzkraft
und wahrer Liebe*

Impressum

© 2008 Monika Lydia Strobel
Erstausgabe 2023

Covergestaltung, Layout, Satz und Fotografie:
Nils Hoffmann Design
info@nils-hoffmann-design.de

Lektorat: Dominik Maier
Mail: dominik@hh-dgv.de

ISBN 9783757808099
Herstellung und Verlag:
BoD – Books on Demand, Norderstedt
Printed in Germany

Copyright: Für sämtliche Abbildungen
bei Nicola Vaas, www.blumedeslebens.biz

Herausgeberin:
Nicola Vaas
Mail: blumedeslebens@web.de
www.blumedeslebens.biz

Alle Rechte vorbehalten, insbesondere das der Übersetzung, des öffentlichen Vortrags sowie der Übertragung durch Rundfunk und Fernsehen, auch einzelner Teile. Kein Teil des Werks darf in irgendeiner Form (durch Fotografie, Mikrofilm oder andere Verfahren) ohne schriftliche Genehmigung der Autorin bzw. der Herausgeberin reproduziert oder unter Verwendung elektronischer Systeme verarbeitet, vervielfältigt, publiziert, gesendet oder verbreitet werden.

In diesem Buch werden keine medizinischen Empfehlungen und Verordnungen gegeben. Die in diesem Buch beschriebenen Methoden und Herangehensweisen ersetzen keine wissenschaftlich fachkundige Diagnose und Behandlung. Die dargelegten Tipps, Übungen, Techniken, Empfehlungen und Mittel wurden von der Autorin und der Herausgeberin sorgfältig geprüft. Eine Garantie kann dennoch nicht übernommen werden. Die Haftung für Personen, Sach- und Vermögensschäden ist ausgeschlossen.

Monika Lydia Strobel

Das Liebesprinzip

*Der Weg zu mehr Herzkraft
und wahrer Liebe*

Vorwort der Herausgeberin

Die Selbstverständlichkeit mit der die Liebe in mein Leben eintrat ist nicht alltäglich. Und die Leichtigkeit mit der ich mit spirituellen Themen in Berührung kam, ist alles andere als „normal". Dank meiner Mutter wuchs ich damit auf. Durch meine gesamte Kindheit und Jugend zeigte sie mir, dass Herzensbildung ein weit höheres Gut ist als Schulbildung. Dass die Selbstverständlichkeit mit der mir meine Mutter die Weisheit des Herzens vorlebte, etwas ganz besonderes ist, begriff ich erst im Laufe meines Lebens. Umso demütiger blicke ich heute auf ihr Vermächtnis, das sie mir hinterlassen hat.

Als meine Mutter 2009 diese Erde verließ, war jedes Seminar gehalten, jede Frage beantwortet, jedes weltliche Trugbild versöhnt, jede Herausforderung angenommen. Nur ihr Buch blieb unveröffentlicht.

Weil mir ihre Worte bis heute Lehre, Geleit und vor allem liebevolle Botschaft sind, möchte ich dies nun nachholen. Ich bin der Meinung, dass diese Botschaft in dieser Zeit des Wandels für Viele bestimmt ist und dass sie Vielen Hilfe sein kann, ihr Leben in Selbstverantwortung und Souveränität zu gestalten, indem sie die größte Macht auf Erden in ihr Leben lassen – die Liebe.

Großes Einfühlungsvermögen, enorme Sensibilität, aber auch immerwährende Selbstreflektion erschlossen meiner Mutter den Zugang zu uraltem Wissen und tiefer gelebter Spiritualität. Ihre tiefe und innige Verbindung zu den geistigen Feldern weiser Frauen und Männer und deren spirituelles Erbe beflügelten Wissen und Weisheit. Heute lese ich in Büchern Dinge, die ich schon vor Jahrzehnten von ihr gelernt habe.

In der heutigen Zeit wird es, meiner Meinung nach, immer wichtiger dieses Wissen den Menschen auf verständliche Weise nahe zu bringen.

Damit wir langsam verstehen, dass unsere einzige Bestimmung die Liebe ist. Und dass wir den Mut und die Klarheit aufbringen ihr zu folgen. Dazu soll das vorliegende Buch als Wegweiser dienen und ich wünsche allen Leserinnen und Lesern Freude auf dem Weg der Erkenntnis, ein offenes Herz und einen wachen Geist um die Wichtigkeit und die Größe der Botschaften aufzunehmen. Es sind nicht nur Worte auf dem Papier, die es zu erfassen gilt, sondern auch die liebevolle Energie in die sie eingebettet sind.

In tiefer Dankbarkeit und Verbundenheit

Nicola Vaas (geb. Strobel), Tochter der Autorin

www.blumedeslebens.biz
blumedeslebens@web.de

Die Autorin

Monika Lydia Strobel, geb. Himmer, Jahrgang 1946, beschäftigte sich über 30 Jahre mit alternativen Heilmethoden und transformierender Bewusstseinsarbeit. Auf Erden war sie Therapeutin im spirituell-psychologischen Bereich und Lehrerin für energetische Heilmethoden wie Reiki, Yoga und Meditation. Bis 2005 betrieb sie eine Praxis für ganzheitliche Entfaltung und lebte dann als freie Autorin im Raum Bodensee.

Das vorliegende Werk bietet inhaltlich einen Einblick in das zentrale Thema ihrer Praxis- und Seminartätigkeit und ist, in seiner leicht nachvollziehbaren Ausführung, Leitfaden und Aufforderung zugleich, für Menschen, die, in dieser besonderen Zeit des Umschwungs, bewusst an der Transformation ihrer eigenen Lebensstrukturen und denen der gesamten Welt arbeiten möchten.

Das ist der Weg und das Ziel – die Liebe.

Inhalt

Prolog	8
Die Liebe ist eine Himmelsmacht	12
Die Angst ist das Problem	16
Opfer- und Täterbewusstsein im Wandel	20
Alles ist Energie – Energie der Grundstoff allen Lebens	25
Die Universellen Gesetzmäßigkeiten – Grundlagen allen Lebens	29
Unser Energiesystem – seine Aufgaben und Funktionen	44
Die Schichten unseres Energiesystems und ihre Inhalte	47
Chakren – Schaltstellen zwischen Körper, Geist und Seele	52
Das Herz – Schlüssel zur Einheit	64
Die Heilung unserer Gedanken und Gefühle	75
Partnerschaft – ewiger Kampf oder heilende Beziehung	83
Reiki – Energiemedizin – ein Weg zur Liebe	101
Yoga – Körper-Übungen / Energie-Übungen	114
Affirmationen und Neurolinguistisches Programmieren (NLP)	131
Meditation	135
Energienahrung – Lichtnahrung	141
Spiritualität – gelebte Liebe	148
Epilog	156

Prolog

Viel ist über die Liebe geschrieben worden und man sollte meinen, das Thema wäre längst erschöpft. Doch wie könnte das wohl zentralste Thema unseres Daseins und aller Zeiten jemals erschöpft sein!?!

Ein Thema, das so unterschiedlich verstanden und interpretiert wird – noch dazu, wenn es darum geht, was „echte" Liebe ist.

Dabei geht es nicht um echte oder falsche Liebe. Vielmehr geht es um eine Form von Liebe die als heilende Kraft gilt und durch die die gesamte Erde und all ihre Bewohner auf eine höhere Bewusstseinsebene gehoben werden. Insgesamt gesehen eine Veränderung, welche Erneuerung in allen Bereichen des Lebens mit sich bringt. Dabei wächst die Bewusstheit darüber, dass die Probleme im globalen wie im persönlichen Bereich nicht einem strafenden Gott zuzuschreiben sind, sondern selbstverantwortlich betrachtet werden müssen. Je mehr jeder einzelne an diesem Erneuerungsprozess mitarbeitet, umso besser kann sich der Übergang in eine höhere Dimension vollziehen. Dabei sind Selbsterkenntnis und Selbstverantwortung verlangt, so dass Mitgefühl, Akzeptanz, Toleranz, Güte und Wärme nicht nur Worte sind, sondern Ausdruck eines seelischen Zustandes – der Liebe.

Liebe, die sich erst dann im Außen zeigen kann, wenn sie zu einer festen Struktur in uns geworden ist. Liebe, die sich erst dann zu ihrer ganzen Fülle entfalten kann, wenn keinerlei Bedingungen mehr an sie geknüpft werden. Je mehr wir also unser Bewusstsein verändern, umso mehr unterstützen wir die Veränderung unseres gesamten Planeten, ja des gesamten Universums. Veränderungen in unserem Bewusstsein schaffen Veränderungen im multidimensionalen Bewusstseinsfeld der Erde und je mehr diese Veränderungen an Wirksamkeit zunehmen, umso deutlicher spiegeln sie sich in der äußeren Realität wider.

Unser eigenes ausgeglichenes Energiefeld trägt wiederum zur Stabilität der erhöhten Frequenz unserer Erde bei. Somit ist der Beitrag jedes einzelnen von nicht zu unterschätzender Bedeutung und Wichtigkeit. Dieses Buch soll eine Anregung sein – Anregung und Aufforderung zugleich für die Menschen des Neuen Zeitalters, um ein erweitertes Verständnis für die Liebe zu entwickeln und ihr Streben dahingehend auszurichten, mehr Liebe geben und empfangen zu können. Dies bedarf keiner wissenschaftlichen Beweise und die Dringlichkeit dieser Botschaft zweifelt wohl auch niemand an. Eine Aufforderung, die jedem zu Herzen geht.
Die aufgezeigten Darstellungen sind Grundwissen eines jeden aufgeklärten Menschen, welche sich in gelebter Form einerseits günstig auf das Bewusstsein auswirken, aber auch den gesamten Aufstiegsprozess positiv beeinflussen. Möge es allen zur direkten Unterstützung und zur Weitergabe dienen.

Nachdem wir über Jahrtausende unsere Macht als Opfer und Täter ausgiebig erprobt und gelebt haben, geht es nunmehr darum, uns in der Macht der Liebe zu üben. Nur die Liebe mit ihrer heilenden und schöpferischen Kraft schafft die Verbindung zwischen der göttlichen Quelle und unserem Dasein auf Erden – sie ist die stärkste Macht! Letztendlich ist es die Liebe, die Berge versetzt und nicht der Glaube!

Derzeit mag der Eindruck entstehen, gechanneltes Material würde zu den wichtigsten Informationsquellen spirituellen Wissens gehören. Ganz sicher begünstigt die sich verwandelnde Energiestruktur der Erde das „In-Kontakt-Treten" mit Bewusstseinsformen der unterschiedlichsten Energieebenen.

Mein Anliegen ist es jedoch, jeden dazu anzuregen, an seinem eigenen Energiefeld zu arbeiten, anstatt mehr oder weniger gutgläubig an Ausführungen und Aussagen zu hängen, deren Herkunft und Wahrheitsgehalt gleichermaßen angezweifelt werden können. Letztendlich zählt nicht, inwieweit man etwas glaubt oder für wahr hält, sondern eben alles zu tun, um mit der sich verändernden Energiestruktur, die mehr und mehr zunimmt, zurechtzukommen und das Leben selbstbestimmt und bewusst zu erfahren.

Je mehr sich jeder einzelne seines eigenen inneren Potentials bewusst wird, umso mehr wird sich geistige Klarheit und Stärke entfalten. Die Heilung der Erde erfolgt durch den aktiven Dienst jedes einzelnen und dabei ist uns die Unterstützung des Himmels und seiner göttlichen Helfer gewiss.

Der Liebe die höchste Priorität einzuräumen, das ist das Thema der jetzigen und kommenden Zeit. Doch wie geht man am besten vor? Was kann jeder für sich tun, um auch die Änderung, den Wandel im Großen-Ganzen zu fördern?

Dieses Buch bietet keine neuen Theorien, sondern umfassendes Material zum besseren Verständnis, der direkten Herangehensweise, der veränderten Denkweisen und des lebendigen, gelebten Wissens durch Erfahrung.

In dieser besonderen Zeit des Paradigmenwechsels, einer Zeit, in der unser Planet Erde von der jetzigen rationalen zu einer ganzheitlichen Weltsicht aufsteigt, indem sich die Schwingungsfrequenz laufend erhöht und immer mehr und feinere Energie auf uns einstrahlt, möge die transformierende Kraft der Liebe eine Welle der Heilung auslösen, deren Brandung an den unendlichen Ufern des kosmischen Ozeans verklingt, und sich zum Wohle der Welt und ihrer Bewohner auswirken. Auf dass sich der göttliche Plan in immer wiederkehrender Weise erfüllt.

Monika Lydia Strobel

Die Autorin gibt keine medizinischen Empfehlungen und Verordnungen. Auch wird keine Methode propagiert, die eine wissenschaftlich fachkundige Diagnose und Behandlungsart ersetzt.
Die in diesem Buch aufgezeigten Vorschläge dienen als Hilfe zur Selbsthilfe für diejenigen, die auf dem Weg zu mehr Bewusstheit ihre Eigenverantwortlichkeit erkennen – in Bezug auf ihre Leiden und auf ihre Heilung gleichermaßen, denn Heilung und Ganzheit sind das Geburtsrecht eines jeden Menschen und die Bestimmung unseres Daseins.

Ich glaub´ an eine Lehre,
von der man sagt, sie wäre
auf Erden selbst sich Lohn.
Die Lehre die ich übe,
die Lehre heißt die Liebe.
Sie ist mir Religion.

Rainer Maria Rilke

Die Liebe ist eine Himmelsmacht

Jedes bisherige Wort über die Liebe mag seine Gültigkeit haben und jede Meinung und Auslegung ihre Berechtigung. Philosophen, Dichter und Schriftsteller haben sie vergeistigt. In Schlagertexten macht man sich einen Reim darauf. Sie ist das Thema von Opern, Operetten, Musicals, Theaterstücken und Filmen. Psychologen, Ärzte, Psychiater und Verhaltensforscher haben sie zu ergründen versucht.

Jeder wünscht sie sich. Jeder braucht sie und dennoch mangelt es den meisten an ihr. Dabei hat Liebe keineswegs etwas mit Mangel und Bedürftigkeit zu tun, sondern mit absoluter Fülle. Wir sind auf die Welt gekommen, um zu lieben und geliebt zu werden. Das ist unser aller Daseinszweck und Geburtsrecht.

Um Liebe zu kämpfen, aus Liebe leiden – ist Menschenwerk und wohl eher die Regel, als die Ausnahme. Liebe ist ein Mysterium und jeder, der versucht Liebe oder „wahre Liebe" zu definieren oder zu erklären, wird feststellen, wie nahezu unmöglich das ist – außer mit der Sprache des Herzens, einer Sprache, die bereits ihren unmittelbaren Ausdruck im Sein findet. Doch im Zuge einer neuen Ausrichtung und Reinigung unserer Gedanken- und Gefühlsstrukturen, stellt sich ganz von selbst ein Wahrnehmen und Empfinden ein, das mit nichts bisher Vertrautem zu vergleichen ist.

Somit ist Liebe viel mehr, als ein Gefühl und das persönliche Glück. Liebe ist Glückseeligkeit, unabhängig von jeglicher Beziehung. Liebe ist der Mittelpunkt und die Quelle allen Lebens. Liebe ist der Segen des Lebens. Liebe ist der Grundton des Kosmos, der Grundbaustein des Universums, Liebe ist der Klang des Himmels. Liebe ist der Ursprung allen Seins.
Sich wieder diesem Ursprung zu öffnen und anzunähern, das ist mein Anliegen. Möglichkeiten aufzuzeigen, Denkanstöße zu geben, Hilfestellung zu geben beim Auflösen von Blockaden, die davon abhalten, die Gegenwart dieser allumfassenden Liebe zu erkennen und zuzulassen. Dabei ist immer ein und dieselbe kosmische Energie gemeint, die in ihrer Reinheit aus den himmlischen Sphären kommt und sich auf ihrem Weg zur Erde mehr und mehr verdichtet und sich dann in unterschiedlichster Weise und Abstufung zeigt. Je weiter wir uns selbst aufschwingen, desto unverfälschter fließt sie in unser Leben.

Jeder von uns hat seine ureigensten persönlichen Probleme. Wir haben Probleme mit unserer Gesellschaft, mit unseren Mitmenschen, in unseren Partnerschaften und Beziehungen. Wir haben Probleme mit dem Geld, mit unseren Berufen, in unseren Karrieren und mit ganz speziellen Barrieren. Barrieren, die uns hindern, das zu tun und das zu sein, was wir wirklich möchten und was wir wirklich sind.

Dabei wiederum ist Liebe die einzige Möglichkeit sich uns und all unseren Problemen zu stellen und zu heilen. Die Liebe heilt unseren Bezug zu uns selbst, zu anderen Menschen und zu allem, was damit verbunden ist – die Umgangsformen, die Körperlichkeit, die Sexualität, die Persönlichkeit, die Akzeptanz, die Toleranz, die Andersartigkeit und unseren Hang zu Bewertungen und Beurteilungen. Sie heilt unseren Bezug zu Geld (haben) ebenso, wie die Art und Weise wie wir es verdienen und ausgeben. Sie heilt unseren Bezug und unsere Einstellung zur ganzen Welt.

Die Liebe als die heilende Kraft zu erkennen, die alles erschafft und alles durchdringt und deren Wärme unser Herz zum Ausgangspunkt all unserer Gedanken, Gefühle und Handlungen werden lässt, zum Inhalt und Ausdruck unseres Lebens. Das ist der Sinn des Lebens.

Die transformierende Kraft der Liebe heilt die Wunden und Verletzungen unserer Vergangenheit und ist die Magie von Gegenwart und Zukunft. Sie ist die Magie, mit der wir Himmel und Erde vereinen – hier und jetzt in Frieden, Freude und Freiheit.

Es ist unser aller Aufgabe – für jetzt, für die kommende Zeit und für immer, dieses Verständnis für die Liebe zu entwickeln und zu leben.

Doch bevor Liebe in dieser allumfassenden, bedingungslosen Form überhaupt möglich ist, hat vor allem unsere Persönlichkeit eine Wandlung zu vollziehen. Wobei Bedingungslosigkeit nicht gleichbedeutend ist mit Aufgabe unserer Persönlichkeit oder gar Unterdrückung, Verleugnung und Missachtung. Bedingungslosigkeit ist Hingabe an das Leben und die göttliche Führung. Es ist der direkte Weg zu uns selbst. Es ist der Weg, der uns unser Schöpfertum erkennen lässt und durch eine bessere Welt den Himmel auf Erden schafft.

Das ist keineswegs Utopie, sondern der Ursprung unseres Daseins, denn das Königreich Gottes liegt in uns, sagt Jesus Christus.

*Gott ist die Liebe,
und wer in der Liebe bleibt,
bleibt in Gott und
Gott bleibt in ihm.*

1. Joh. 4/16

Die Angst ist das Problem

Wir haben Angst vor dem Leben und Angst vor dem Tod, Angst vor Überfällen und Angst unseren Besitz zu verlieren, Angst vor Krieg und Terror.
Wir haben Angst vor Nähe, Angst vor dem Alleinsein, Angst vor Krankheit, Angst vor Gefühlen und Angst vor Wasser oder bestimmten Tieren.
Wir haben Angst zu lieben und Angst uns lieben zu lassen. Wir haben Angst uns hinzugeben und Angst vor Aggression, Konflikten und Streit.
Wir haben Angst unsere Meinung zu sagen und Angst unser Gesicht zu verlieren – oder unser wahres Gesicht zu zeigen.
Wir haben Angst vor Geistern, Angst vor Träumen, Angst vor Dunkelheit und Angst vor zu viel Licht.
Wir haben Flugangst, Höhenangst, Angst abzustürzen – und nicht zuletzt haben wir Angst vor der Strafe Gottes!

Die Menschen leiden unter ihren Ängsten – die sie einerseits verleugnen und andererseits leiden sie unter ihren Schuldgefühlen, die sie glauben büßen zu müssen, was wiederum Angst erzeugt.

Dabei ist es mit der Angst genauso wie mit der Liebe: Es gibt nur eine Angst – wenngleich sie sich in unterschiedlicher Weise ausdrückt und zeigt. Doch nur die Angst als Ganzes gesehen, gibt uns die Möglichkeit sie anzunehmen und damit zu leben.

Die Angst selbst als elementaren Teil unseres Lebens anzuerkennen, bildet den Umkehrschluss und befreit uns vom zwanghaften Festhalten bestimmter Angstformen.

Trägt Angst nicht auch einen positiven Aspekt in sich? – Als schützender und beschützender Mechanismus in Bezug auf vorschnelles Handeln und gefahrvolle Vorgehensweisen. Erst wenn so unser Bezug zur Angst geklärt ist, können wir uns für die Liebe öffnen.

Liebe zulassen, heißt vor allem Angst loslassen. Die Angst ist es, die uns leiden lässt, nicht die Liebe! Angst loslassen, bedeutet zunächst die Angst anzuerkennen als einen grundlegenden Aspekt des Lebens, ohne sie weiter zu bekämpfen.

Dies gilt sowohl für zwischenmenschliche Beziehungen, als auch für die Hingabe an den göttlichen Plan oder die göttliche Führung. Beides basiert auf Vertrauen – auf Selbstvertrauen. Selbstvertrauen ist Gottvertrauen.

Nur das Erforschen unseres wahren Wesens und das Annehmen und die Auflösung unserer Ängste schaffen Befreiung und den Mut zu echter Hingabe – ohne Märtyrertum. Sobald wir unseren Geist und unser Herz auf die Liebe ausrichten, stimmen wir uns auf die göttliche Energie ein und göttlicher Wille kann geschehen. Mit all unseren Taten leisten wir dann unseren persönlichen Beitrag zu einer besseren – einer heileren Welt. Dann öffnen sich für uns die Türen zum Himmel und dem Wohlsein auf Erden gleichermaßen und unsere Offenheit und unser Selbstvertrauen wiederum öffnen die Herzen der Menschen, die wir lieben.

Doch so lange die Angst als prägendes Grundmuster – bewusst oder unbewusst – unsere Gedanken und Gefühle beherrscht, bleibt wenig Raum für das eigentlich Existentielle und Essentielle – die Liebe.

Angst wirkt auf unser Herz wie Scheuklappen und Angst und Liebe stehen sich gegenüber wie Finsternis und Licht. Dabei ist es einzig und allein unsere Entscheidung welcher Seite wir uns zuwenden.

Das mag seltsam klingen, doch es ist nichts anderes als eine Entscheidung. Unsere Gedanken und Gefühle sind Ursache für alles, was sich in unserem Leben manifestiert. Ist dabei unser Herz verschlossen, verhindern wir auch das Handeln aus unserem Herzen heraus.

So wie Licht oder sich ausbreitendes Licht die Dunkelheit vertreibt, so nimmt Licht auch die Angst vor Dunkelheit. Schatten, die uns so lange schon verfolgen, verlieren ihre Macht, indem wir sie ans Licht holen und uns ihnen stellen. Dann erst können wir all unsere Macht in den Dienst der Liebe stellen.

Bewusstsein ist der komplette Bereich, in dem unser Denken und Fühlen stattfindet. All unsere Wünsche, Vorstellungen, Sehnsüchte, unsere lauteren und unlauteren Motive, unsere Hoffnungen, Ängste und Freuden sind in diesem Raum gespeichert – in einer wachen und in einer schlafenden Ebene.
Alle Gedanken, Gefühle und Handlungen des täglichen Ablaufs liegen im oberen Bereich und darunter befindet sich das sog. Unterbewusstsein – ohne Erinnerung und ohne direkten Zugang und Abruf – außer gelegentlichem Aufblitzen in Träumen, Eingebungen und sonstigen äußeren Erscheinungen. Was jedoch weitgehend unbeachtet und unverstanden bleibt und wieder versinkt – jedoch niemals verschwindet. Außer wir begeben uns auf den Weg der Selbsterkenntnis und der Selbstfindung. Auf den Weg der Liebe, indem wir uns allem widmen, was in uns steckt und in uns wirkt.

Auf eine Bewusstseinsebene zu gelangen, die frei ist von Kontrollzwang und illusorischer Erwartungshaltung, von unangenehmen Erinnerungen, von negativen Vorstellungen und Überzeugungen, ist die

Voraussetzung für Natürlichkeit und Hinwendung an unser wahres Selbst. Das ist der Anfang unserer eigentlichen Bestimmung. Leben und Lebensaufgabe werden eins, indem die Kraft und die Botschaft unseres Herzens zum Leitmotiv unseres Daseins werden.

*Die Erde wird durch Liebe frei,
durch Taten wird sie groß.*

Johann Wolfgang v. Goethe

Opfer- und Täterbewusstsein im Wandel

Was ist es also, was uns so permanent an die Angst bindet?

Es ist eine elementare Grundstruktur, die scheinbar gegensätzliche Charaktere gleichermaßen verbindet. Es ist das so genannte Opfer/ Täterprinzip. Dabei handelt es sich um ein kollektives Verhaltensmuster, das so alt ist wie die Welt. Seit Urzeiten zieht es sich durch die Menschheit. Ohne zurückverfolgen zu können, wann, wo und wie es zu einem solchen Lebensgrundmuster kam, zeigt es sich doch bis heute in allen Bereichen unseres Zusammenlebens.

Beim Opfer ist es die Angst vor Verantwortung, vor Entscheidungen, vor Enttäuschung, vor Konfrontation und nicht zuletzt davor, immer wieder Leidtragender zu sein.

Beim Täter ist es die Angst vor Kontrollverlust, seine Willensstärke einzubüßen oder seine beherrschende und dominierende Rolle aufgeben zu müssen.

Eines jedoch gilt für beide gleichermaßen:
Sie haben ein Problem mit dem Thema Macht. Dies gilt speziell auch für diejenigen, die Macht grundsätzlich ablehnen. Denn Macht an sich ist nichts Schlimmes und jeder Mensch hat ein gewisses Potential an Macht. Entscheidend ist jedoch, wie er damit umgeht und wie er sie einsetzt.

Ist sein Machtverhältnis ausgewogen, ist er sich sowohl seiner eigenen Macht bewusst, als auch der eines anderen. Er wird niemals versuchen Macht zu demonstrieren, sie einem anderen aufzuzwingen, noch wird er diese einem anderen Menschen absprechen oder gar gewaltsam nehmen. Die gegenseitige Anerkennung und Akzeptanz ist oberes Gebot und Ausgleich zugleich.

Ein Mensch mit einem unausgewogenen oder gestörten Machtverhältnis dagegen, setzt Macht als Druckmittel ein, um seine vermeintlich übermäßige Stärke – oder Schwäche – auszuspielen.

Für einen Täter gelten dabei nur die eigenen Regeln und Gesetze. Meinungen, Bedürfnisse, Gefühle, bis hin zum Eigentum anderer stehen außer Frage und werden rigoros übergangen.

Ein Opfer versagt im kleinen wie im großen Kampf. Ihm fehlt es an Durchsetzungskraft, an Verteidigungstaktik, an passenden Worten, an Waffen, an Geld, an Mut, an Willen und ganz einfach an allem, was sonst nötig ist, um sich gegen den oder die Stärkeren zu behaupten und durchzusetzen.

Dies gilt in der Politik, in der Industrie, im Geschäftsleben, zwischen Eltern und Kindern, unter Eheleuten und sonstigen Partnern, im Straßenverkehr, in der Schule und im Sandkasten – in allen zwischenmenschlichen Beziehungen globaler, politischer, sozialer und privater Bereiche.

Machtansprüche, Machtgier, Machtmissbrauch, Überheblichkeit und Unterdrückung fördern und stützen die Machtposition eines Täters und sind Ansporn zu immer mehr und immer unmäßigeren Bedürfnissen und Forderungen.

Angst, Ohnmacht, Schuldgefühle, Unterwürfigkeit und Verbitterung machen das Opfer immer wieder zu leichter Beute.

Der Mensch ist Täter in der Ausbeutung unserer Erde und er ist Opfer von Naturkatastrophen, Flugzeugabstürzen, Kriegen, Unfällen, Krankheiten und Gewalt.

Dabei sollte eines ganz klar erkannt werden:
Es handelt sich um **eine** Struktur, die jeder sozusagen im Doppelpack in sich trägt. Ob nun jemand mehr zur Opfermentalität neigt, oder doch lieber Täter ist – es ist die Struktur des „Kriegers", ein archetypisches Verhaltensmuster, das zum menschlichen Bewusstsein gehört – und nicht nur zum menschlichen, sondern über die Tier- und Pflanzenwelt bis hin zu zell- oder mikroorganischem Leben.
Der „Krieger" ist sowohl Täter, als auch potentielles Opfer – beides in einem. Er tötet und kann selbst getötet werden.

Opfer und Täter brauchen einander wie das Feuer die Luft. Insofern ist auch jedem die gleiche Macht zuzusprechen, was sich in Bezug auf die Opfermentalität seltsam ausnehmen mag. Unlogischerweise spricht man Opfern von vornherein jegliches Machtbewusstsein ab. Dabei benutzen sowohl Opfer als auch Täter ihre Macht auf ganz spezielle Weise und wie man sieht, muss dahinter weder die Einflussnahme anderer stecken, noch Zwang von außen vorliegen.

Einmal Hammer, einmal Amboss – bis zum heutigen Tag wird an diesem destruktiven Machtverhalten festgehalten, das den Frieden und die Freiheit jedes einzelnen und der ganzen Welt beeinträchtigt.

Auch Friedensdemonstrationen haben wenig Aussicht auf Erfolg, wenn das eigentliche Motiv (unbewusst) viel mehr die Angst vor Terror und Krieg ist, als der Frieden selbst.

Wir alle haben längst erahnt, dass Gewalt nur noch mehr Gewalt nach sich zieht – ob nun in einer Täterposition oder als Opfer erlebt. Denn Hinnahme und Erdulden befreit nicht vor weiteren Übergriffen. Ein

Fortschreiten weiterer Eskalationen im Großen wie im Kleinen, aber auch sonstige Übergriffe, Manipulationen und Unterdrückung dürfen keinen Menschen mehr unberührt lassen. Dies fordert die Bewusstmachung dieser bestehenden Struktur. Die bewusste Wahl zu einer Veränderung geht deshalb wiederum nur von jedem selbst aus. Jeder ist aufgefordert, dazu seinen ganz persönlichen Beitrag im Denken, Fühlen und Handeln zu leisten. Niemand verlangt, dass wir unsere Macht leugnen. Wir müssen lediglich lernen, positiv mit Macht umzugehen, sie nutzbringend, nicht zerstörerisch oder manipulativ einzusetzen.

Verhaltensmuster, welcher Art auch immer, können nur durch Bewusstmachung aufgearbeitet und durch entsprechende Energieanhebung aufgelöst werden. Programmieren wir unseren Geist also entsprechend um. Veränderung bedeutet zunächst Erkennen, dann Auflösung und Neuschaltung eines energetischen Programms.

Unser Bewusstsein neigt nun mal dazu bestimmten Mustern zu folgen und auch welche zu erschaffen. Dabei müssen alte Verhaltensmuster erst einmal „ausgemustert" werden. Auch das ist nur möglich durch Energiewandlung – durch Ausbalancieren von Energie. Man benötigt dazu kein spezielles mentales Training, sondern lediglich die Bereitschaft zur Achtsamkeit das eigene Verhalten betreffend. Persönliche aber auch globale Veränderungen können ihren Ausgangspunkt nur im Herzen jedes einzelnen finden. Alles hängt von unserer inneren Einstellung ab, von unserer Ehrlichkeit uns selbst gegenüber, von unserer Bereitschaft zum Wandel, unserer Offenheit und unserem freien Willen Änderungen jeglicher Art überhaupt zuzulassen.

Das so oft zitierte Große-Ganze oder Kollektiv ist nicht etwa eine programmierte Masse, sondern vielmehr ein Puzzle aus lauter Einzelteilchen – Individuen – die letztlich gemeinsam wirken. Die Verwirklichung eines gemeinsamen Leitgedankens und globale

Verantwortlichkeit unter der Achtung von Individualität beginnt wiederum bei jedem einzelnen von uns.

Binden wir also unsere Macht und Schöpferkraft nicht länger an destruktive Energieformen und halten wir nicht länger an quälenden Situationen fest! Wir schaffen mit unserem Bewusstsein – unserem Denken und Fühlen – unsere Welt – <u>die Welt</u>!

Wir erschaffen das im Außen was wir in uns tragen – auch das was wir versteckt oder verdrängt in uns tragen.

Die Entscheidung liegt bei uns - nähren wir mit unseren Gedanken die Liebe oder die Angst?

Lassen wir Augenblicke des Glücks in uns aufleuchten, mögen sie einem zunächst auch noch so spärlich erscheinen! Machen wir diese Augenblicke zu unserem ganz speziellen „Standard-Programm" und diese energetische Struktur zur Resonanz in Bereichen, die auf Mangel, Not und Leid programmiert sind. Nehmen wir uns weiterhin die Macht an unserer persönlichen Situation etwas zu ändern oder stellen wir unsere Macht bedingungslos in den Dienst der Liebe?!?
Klärt sich so die Beziehung zu uns und in uns, klärt sich auch, mit uns, die Welt.

Geh´ nicht aus dir hinaus,
in dich selber kehre ein,
denn im inneren Menschen
wohnt die Wahrheit.

Augustinus

Alles ist Energie
Energie der Grundstoff allen Lebens

Bevor wir uns jedoch weiter mit unseren destruktiven Verhaltensmustern und der Bewusstmachung alter Verletzungen und Wunden beschäftigen, die die Ursache aller Ängste sind, ist es zunächst angebracht, mehr Verständnis und eine grundlegende Basis zu schaffen, aus der heraus Umdenken und Veränderung überhaupt möglich sind.

Eine Aufgabe im Neuen Zeitalter ist es, unser Verständnis für Energie zu revidieren. Energie ist nicht nur ein elektrisches Konzept, sondern ein magnetisches. Das bedeutet, dass es etwas mit Ausstrahlung und Anziehung zu tun hat.
Alles was ist – ist Energie. Wir selbst, die ganze Welt, alle sichtbaren und unsichtbaren Formen sind Energie!

Die Tatsache, dass es überhaupt keine festen Formen gibt, sondern nur Wellen, Muster und Strukturen, die durch gegeneinander fließende Ströme, durch elektromagnetische Felder – Plus / Minus-Pole – miteinander verbunden sind, ist längst von der Wissenschaft bewiesen und anerkannt. Betrachtet man beispielsweise ein Stück Holz oder Metall unter einem Mikroskop, dann erkennt man, dass es viele winzige bewegliche Teilchen sind, die diese vermeintlich festen Gegenstände ausmachen.

Die Festigkeit eines Materials hängt von der Schwingungszahl seiner Atome ab. Dies ist ein physikalisches Gesetz. Jedes Atom und jede Zelle enthält einen Kern aus Licht. Licht ist Energie. Sie ist die Ursubstanz, aus der das gesamte Universum besteht.

Selbstverständlich ließen sich jetzt Zitate aufführen, erbrachte Beweise, Forschungsergebnisse von Wissenschaftlern wie Max Planck, Albert Einstein, Wilhelm Reich, David Bohm – aber auch Werke von Dichtern wie Goethe und Schiller, von Philosophen wie Pythagoras und Platon. Doch das haben bereits andere getan.
Die Tatsache, dass alles Leben, also auch die so genannte Materie, aus einem einzigen Urstoff besteht, ist nicht von der Hand zu weisen. Und dieser Urstoff ist rein geistiger Natur. Von der mikroskopischen bis zur makroskopischen Ebene steht alles in wechselseitiger Resonanz, ist miteinander in Verbindung und in ständiger Bewegung.

Alles was wir wahrnehmen, sind Energien oder energetische Abläufe. Die sich nur in ihrer Form, ihrem Inhalt und ihrer Schwingungsfrequenz unterscheiden. Unseren Körper, so wie materielle Gegenstände, zählt man zu den niedrig schwingenden Energieformen und je weiter wir uns in die feinstofflichen Bereiche hineinbegeben, umso höher ist die Schwingung, die Frequenz.

Wenn nun alles Energie ist und alles in wechselseitiger Beziehung zueinander steht, gilt dies selbstverständlich auch für uns Menschen.

Der Mensch ist Teil des Ganzen das wir Universum nennen...

Albert Einstein

Da unser Bewusstsein und unser Gefühlsleben ebenfalls Energien sind, stehen wir somit immer mit anderen Menschen, mit unserer Umwelt, mit der Natur – aber auch mit unbewussten Ebenen – in ständigem Kontakt.

Denn auch unser Körper ist nichts anderes, als die Form eines bestimmten Inhalts. Als Inhalt gelten in diesem Fall nicht etwa unsere Organe oder das, was wir in Form von Nahrung zu uns nehmen, sondern vielmehr die geistigen Inhalte – Gefühle, Gedankenstrukturen, Überzeugungen, Erfahrungen, Erkenntnisse, Verletzungen, seelische Wunden – die bewussten und unbewussten Persönlichkeitsanteile. Diese erzeugen die ganz persönliche Ausstrahlung eines Menschen – seine Schwingung.

Somit ist die Haut lediglich die letzte sichtbare Hülle, die unseren Körper begrenzt. Unser persönliches Energiesystem dagegen, verbindet uns mit allem was existiert. Da dieses System ständig Energie abstrahlt, zieht oder stößt es ebenso Energien an oder ab. Wir ziehen also die Menschen und Situationen in unser Leben, die unserer persönlichen Ausstrahlung entsprechen. Daher ist unser Umfeld, unsere sichtbare Welt, immer Ausdruck unserer verborgenen inneren Welt.

Ist uns diese Verbundenheit erst einmal bewusst, verändert sich auch unsere Denkweise. Immer mehr können wir uns als Teil einer Einheit erkennen. Immer mehr können wir aber auch unser Gegenüber, den Menschen oder die jeweilige Situation – ob angenehm oder unangenehm – als Spiegel erkennen, in dem wir nur uns selbst begegnen. Unsere geistigen Inhalte also sind es, die auf andere abstrahlen – unsere bewusste geistige Haltung und unsere verdrängten und unbewussten Anteile gleichermaßen. All dies sind Energieformen, die wir auf unsere Mitmenschen, auf unsere Umwelt – auf die gesamte Atmosphäre projizieren. Deshalb steht es wohl außer Zweifel, dass es unser aller Anliegen sein muss, durch mehr geistige Klarheit eine reinere Atmosphäre im engsten und im weitesten Sinne zu schaffen. Wir müssen uns der Energie bewusst sein, die Konflikte hervorruft, sich mit ihr vertraut machen, sie als Teil von uns anerkennen, bevor wir sie

lösen und loslassen – bevor wir sie auf eine höhere Bewusstseinsstufe transformieren können. Bevor wir immer nur „die anderen" dafür verantwortlich machen, müssen wir unsere Gedanken und Gefühle überprüfen und Zusammenhänge zwischen unseren persönlichen Erfahrungen und dem allgemeinen Zustand der Welt erkennen.
Frieden auf Erden geht von Frieden in unseren Herzen aus. Und nur in diesem inneren Frieden ist letztlich alles enthalten – das Glück, die Freude, die Lust, die Zärtlichkeit, die friedvolle Auseinandersetzung, die Vergebung, die Versöhnung, die Freiheit und – die Liebe.

*So wie die Sonne über der Welt aufgeht,
so möge auch die geistige Sonne
der Liebe, Weisheit und Wahrheit
in unseren Herzen aufgehen.*

Omraam Mikhael Aivanhov

Die universellen Gesetzmäßigkeiten Grundlagen allen Lebens

Wir sind Teil einer großen Gemeinschaft, in der alles mit allem verbunden ist. Untrennbar sind wir in einem geistigen Urgrund integriert, in dem ein unausweichlicher Ordnungsplan herrscht, ohne den Leben in keiner Form und in keinem Augenblick bestehen kann.

Um noch tiefer in die kosmischen Zusammenhänge allen Lebens – unser eigenes selbstverständlich eingeschlossen – einzudringen, wollen wir uns diesem Ordnungsplan, als Grundlage allen Lebens, etwas ausführlicher zuwenden.

Die universellen oder kosmischen Gesetzmäßigkeiten – auch bekannt unter dem Begriff „hermetische Prinzipien" – sind auf die hermetischen Lehren der alten Ägypter zurückzuführen.
Ursprünglich verehrten die Ägypter Thot, den Gott der Weisheit, der Alchemie, der Astrologie und der Schreibkunst. In der griechisch-hellenistischen Zeit (300 v.Chr. – 100 n.Chr.) wurde dann im Sprachgebrauch der griechische Weisheitsgott, Hermes Trismegistos daraus – Hermes der Dreifach-Große. Nach mythologischer Überlieferung schrieb er die Quintessenz aller Weisheit, wie es heißt, in 15 Thesen auf eine Tafel aus grünem Korund, einem Halbedelstein, nieder. Diese Tafel ist als „tabula smaragdina" in die Geschichte eingegangen.

Bis heute gelten diese Weisheitslehren als Grundlage allen esoterischen / spirituellen Wissens. Dabei handelt es sich um universelle Wahrheiten, die sich keineswegs nur in den Überlieferungen Ägyptens finden lassen, sondern ebenso in denen aller Zeitalter und Kulturen, wie zum Beispiel Indiens, der vorchristlich-keltischen Kultur und nicht zuletzt in den Lehren Jesu. Erst das Erkennen und Verstehen dieser Prinzipien lässt uns Auswirkungen auf alle Bereiche unseres Lebens in einem neuen Zusammenhang erkennen. Nicht Zufälle und Schicksalsschläge sind es, die unser Dasein bestimmen, auch nicht (Gottes-) Strafe und Schuld, sondern jeder einzelne Mensch ist als Teil der Einheit anzusehen, die von einer gesetzmäßigen Ordnung bestimmt wird. Jeder Mensch ist in seiner Individualität auch Teil eines Großen-Ganzen und seine Entwicklung vollzieht sich im Sinne dieser natürlichen Ordnung.

Deshalb ist jedes Ereignis in unserem Leben, auch wenn wir es oft zum Zeitpunkt des Geschehens nicht verstehen können oder dessen Sinnhaftigkeit uns erst nach Jahren, mit einem gewissen Abstand, bewusst wird, etwas das uns gesetzmäßig zufällt.

Selbst die Wissenschaft muss inzwischen anerkennen, dass die Ordnung nicht aus Zufällen besteht, sondern aus festen Strukturen und ohne Einhaltung bestimmter prinzipieller Grundsätze und Regeln weder existieren, noch funktionieren kann.

Wir selbst, die Welt in der wir leben, sind Teile dieses Kosmos. Kosmos bedeutet Ordnung. Werden die kosmischen Grundregeln missachtet, dann entsteht Unordnung und aus dem Kosmos wir Chaos.

So wie in einem Samenkorn bereits die Anlagen der ganzen Pflanze enthalten sind, die dann zweckerfüllend ihr Wachstum fordert, so ist im Wesenskern jedes Menschen sein gesamtes Potential, die Grundinformation seiner Bestimmung oder Lebensaufgabe enthalten, das ebenso nach Wachstum und Erfüllung trachtet. Inwieweit ihm das gelingt und er dies zur Entfaltung bringt, hängt von ihm selbst ab. – Ja, und manchmal zwingt uns das Leben eben ganz massiv zur Korrektur, wenn wir zu weit von unserem Weg abgekommen sind. Dann nämlich tritt das ein, was wir gewöhnlich „Schicksal" nennen. So ist wohl schon jeder in seinem Leben mit bestimmten Folgen des Schicksals konfrontiert worden, die weder mit psychologischen Maßstäben zu erklären sind, noch durch logische Gedankengänge.

Sei es nun plötzliche Krankheit, Misserfolg im Beruf, Tod, Unfall oder Krisen in der Partnerschaft, der Verlust eines geliebten Menschen – immer wird nach Erklärungsversuchen und Antworten getrachtet, nach Schuldigen und Schuldfaktoren gesucht. Doch so oft bleiben diese unbefriedigend und unfassbar.
Heroisch findet man sich mit seinem Schicksal ab, hadert mit der Ungerechtigkeit und zweifelt oft ein Leben lang an der Gerechtigkeit Gottes. Doch nicht die Analyse unserer Schicksalsformen, unserer Verletzungen und Wunden heilt uns, sondern nur das Fühlen und Wahrnehmen unserer Eigenbeteiligung bringt die Erlösung – und der Mut unseres Herzens, uns mit unserem Schmerz zu konfrontieren. Dabei ist gerade Schicksal der größte aller Lernfaktoren, wenn es darum geht, seinen Lebensauftrag oder seine eigentliche Lebensaufgabe niemals zu vergessen. Grundsätzlich tritt immer das ein, was der Mensch zu seiner Entwicklung braucht. Ob uns das nun gefällt oder nicht – es ist immer zu unserem Wohle. Damit kommen wir nun auch gleich zum ersten kosmischen Prinzip.

Prinzip des Geistes

Wie bereits im Kapitel über „Energie" näher erläutert, bedeutet dies, dass jegliche Materie verdichteter Geist ist. Ob es sich nun um irgendwelche Gegenstände, Flüssigkeiten, Gase, sämtliche Formen lebendiger Organismen oder biologische Abläufe handelt. Ihre Existenz entsteht durch die Anziehung entgegengesetzter Kräfte – den positiven und negativen magnetischen Polen – wodurch auch alles miteinander verbunden ist.

Nicht Zufälle und Schicksalsschläge sind es, die unser Dasein bestimmen, sondern eine vorhandene geistige Struktur und das Zusammentreffen bestimmter energetischer Muster, die wir selbst geschaffen haben.

Sehen wir das gesamte Universum als eine geordnete Einheit, in dem der Mensch als Mikrokosmos, dem Makrokosmos – dem Großen-Ganzen – gleichgestellt ist, dann können wir auch mit Aussagen „wie im Himmel, so auf Erden" – „wie oben so unten" – „wie im Großen, so im Kleinen" besser umgehen. Wie oben so unten spiegeln die unterschiedlichen Formen des Lebens die Muster der universellen Gesetzmäßigkeit wider oder anders ausgedrückt, alles Leben reflektiert die Sinnhaftigkeit einer kosmischen Ordnung.
Wir erkennen uns als Teil in einem Organismus, den wir Erde nennen. Wobei der Planet Erde auch Teil eines übergeordneten Organs ist, dem Sonnensystem. Die Sonne ist es, um die alle Planeten in festen Bahnen kreisen – auch unsere Mutter Erde. „Und sie bewegt sich doch" hat Galileo Galilei behauptet und das hat ihn 1633 vor die Inquisition gebracht. Erst ca. 200 Jahre später hat ein anderer (Jean Foucault) anhand eines sechzig Meter langen Pendels bewiesen, dass es tatsächlich stimmt.

Übertragen wir nun diesen Gedanken weiter auf unseren menschlichen Körper, so ist auch dieser das übergeordnete Organ aller in ihm enthaltener Organe, Gliedmaßen, Muskeln, Sehnen, Knochen etc. – Diese wiederum sind Träger von Zellen, wobei jede einzelne Zelle zwar im Dienst des jeweiligen Organs steht, gleichzeitig aber auch des gesamten Körpers.

Außerdem sind wir mit etwas ausgestattet, was sich „freier Wille" nennt. Dadurch steht uns in all unserem Tun Entscheidungsfreiheit zu. Die uns aber gleichermaßen verpflichtet, für all unsere Handlungen und deren Auswirkungen die volle Verantwortung zu tragen. – Und oft muss man sich einen „alten Film" ein paar Mal anschauen, um zu begreifen, warum etwas passiert oder ganz einfach nicht funktioniert.

Das erste hermetische Prinzip besagt also, dass alles Leben einem kosmischen Urmuster entspricht und alle Arten von Schicksal zur Korrektur dienen, bzw. als Abweichung dieser Struktur verstanden werden müssen. Die sich daraus ergebende Entwicklung entspricht der Vollkommenheit des Schöpfungsgedankens – zurück zum reinen Ursprung.

Prinzip der Entsprechung
Affinitätsprinzip oder Analogiegesetz

Im Kosmos kann nichts voneinander getrennt existieren. Diese Gesetzmäßigkeit gilt für die feinstoffliche und für die grobstoffliche Welt gleichermaßen. Dies bedeutet, dass die äußere Wirklichkeit des Menschen seinen geistigen Strukturen entspricht. Dies gilt sowohl für die Beschaffenheit seines eigenen Körpers, als auch für alle Erscheinungsformen in seinem Umfeld. Wir werden also mit Menschen, Situationen und Ereignissen konfrontiert, die unseren bewussten und unbewussten Persönlichkeitsanteilen und unserer Seelenseite entsprechen. Alle äußeren Erscheinungen sind Spiegelungen unserer Innenwelt. Nur so ergibt sich die Möglichkeit der Selbsterkenntnis.

Doch auch was unseren Körper betrifft, so ist seine Beschaffenheit dergestalt, um der Seele sozusagen als Gefährt oder Hülle, die bestmögliche Chance zur Entwicklung zu gewährleisten. Krankheiten und Behinderungen sind Disharmonien auf geistig-seelischer Ebene, die als Korrektiv dienen auf unserem Weg zur Vollendung. Erst wenn die Wahrnehmung im außen erfolgt, bzw. ins körperliche gesunken ist, können wir nicht mehr „wegschauen". Spätestens dann sollten wir uns der Dinge annehmen.

Resonanzgesetz mit dem Untergesetz der positiven oder negativen Verstärkung

Diese Gesetzmäßigkeit ergänzt das vorher besprochene Analogiegesetz dahingehend, dass wir grundsätzlich nur das wahrnehmen können und mit dem in Verbindung kommen können, wofür eine innere Resonanz besteht.

Äußere Umstände spiegeln dabei das wider, zu dem wir uns selbst gemacht haben oder was wir uns selbst geschaffen haben.
Unsere bisherigen Erfahrungen und Überzeugungen bilden die Resonanz für Menschen, Situationen und Ereignisse. Selbst Dinge, die wir versuchen zu vermeiden, fixieren wir stattdessen und schaffen so gerade die Möglichkeit zum Geschehen oder zur Wiederholung.

In einem folgenden Kapitel werden wir noch eingehend auf unser Inneres Kind oder die Klärung unserer Schattenthemen eingehen, die beispielhaft für das Resonanzgesetz sind. Doch je mehr man sich seiner Eigenverantwortlichkeit bewusst ist, umso geringer wird der Widerstand oder die Fixierung, und die Verstärkung in die positive Richtung nimmt zu.

Jeder der sich als Opfer irgendwelcher Umstände sieht, muss irgendwann erkennen, dass Opfertum gleichzeitig das Tätersein in sich birgt. Aus dieser Bewusstmachung ergibt sich ein geradezu symbiotischer Effekt, der eine weitere Konfrontation mit dem entsprechenden Thema erübrigen kann.

Prinzip der Schwingung
Gesetz der Energie

Diesem Gesetz zufolge gibt es keinerlei tote Materie im gesamten Kosmos. Alles ist Energie. Nichts ist getrennt. Es gibt keine festen Formen. Alles ist in wechselseitiger Resonanz miteinander verbunden. Nichts ruht, alles bewegt sich und alles schwingt in unterschiedlichsten Frequenzen.

Die Festigkeit eines Stoffes hängt von der Schwingungszahl seiner Atome ab. Dies gilt auch als physikalisches Gesetz.

Energie ist Licht. Licht ist die Ursubstanz aus der das gesamte Universum besteht. Die Wissenschaft ist sich darüber einig, dass jedes Atom und jede Zelle einen Kern aus Licht enthält.

Beim Gesetz der Energie und auch beim Polaritätsgesetz, das als nächstes behandelt wird, gilt gleichermaßen, dass die gesamte Schöpfung nur aus der Vereinigung männlicher und weiblicher oder positiver und negativer Energie entstanden ist und besteht. Man nennt dies auch Vater-Mutter-Geist.

Alles Leben entsteht aus der Interaktion dieser beiden Pole. Durch die ständige Resonanz des positiven und negativen Pols entsteht ein elektro-magnetisches Energiemuster, aus dem sich sämtliche Lebensformen ergeben.

Somit ist alles Energie – jegliche Form von Materie ebenso wie Gedanken und Gefühle, wie irgendwelche Gegenstände oder geistige Energieformen. Je feinstofflicher der Bereich, umso höher die Frequenz.

Da bei Energie die Schwingung oder Frequenz eine besondere Rolle spielt, gilt dies auch für die Heilung mit ganzheitlichen, energetischen Mitteln und Methoden, wie Homöopathie, Bachblüten, Aroma-Farb-Klang-Therapien, Reiki, Reichsche Orgon-Therapie etc., wobei dann geistige und körperliche Disharmonien ausgeglichen werden können. Die passende Schwingung heilt oder wie Samuel Hahnemann, der Begründer der Homöopathie, es ausgedrückt hat „similia similibus curentur" = „Ähnliches soll durch Ähnliches geheilt werden".

Schwingung spielt eine Rolle im Umgang mit anderen Menschen, im Bezug auf Ausstrahlung, Anziehung und Abneigung. Und Schwingung spielt eine Rolle zum Zeitpunkt unserer Geburt – dann nämlich, wenn die gegebene Zeitqualität, deren spezielle Schwingung, mit der energetischen Struktur des neuen Erdenbürgers identisch ist. Jeder, der sich näher mit Astrologie beschäftigt, wird dies bestätigen können.

> *Jeder Mensch wird an dem Tag und zu der Stunde geboren, wenn die himmlischen Strahlungen in mathematischer Harmonie mit seinem individuellen Karma stehen. Sein Horoskop ist ein herausforderndes Porträt, das seine änderbare Vergangenheit und seine möglichen zukünftigen Resultate enthüllt.*
>
> Sri Yukteswar

So ergibt sich durch das Prinzip der Schwingung die Möglichkeit des Lernens und Erkennens. Nur so entsteht Bewusstsein und

Entwicklung. Jede Lernerfahrung und jede daraus gezogene Erkenntnis ist immer ein Schritt in Richtung Vervollkommnung und Erfüllung.

Wichtig zu wissen ist ebenfalls, dass Energie niemals zerstört werden kann, sondern nur auf die nächsthöhere oder -niedrigere Ebene übertragen / transformiert wird.

Gesetz der Polarität

In allen spirituellen Traditionen geht es darum, sich als Mensch in der Einheit allen Seins zu erkennen.

Doch mit der Verkörperung stellt sich für uns und unsere Persönlichkeit die Aufgabe eines individuellen Lebensplanes, der uns mit bestimmten polaren Energien konfrontiert.

Jedes Teil hat ein Gegenteil – Mann / Frau, Tag / Nacht, Freude / Trauer, hell / dunkel, aktiv / passiv, groß / klein, gut / schlecht. Solange wir überwiegend durch oder mit unserem Körper agieren, können wir alles nur in dieser Gegensätzlichkeit erkennen und begreifen.

Wir atmen ein und aus und nach dem Schlafen sind wir wach. Das eine bedingt das andere. Freude wird erst begreifbar durch Trauer. Erst dann kann das Glück empfunden werden.

Die Auseinandersetzung mit polaren Energien hält so lange an, bis wir einsehen, was wir daraus lernen sollen – oder besser, bis wir hinter dem Geschehen den eigentlichen Inhalt erkennen.

Der Pol, der überstrapaziert wird, kann durchaus Leid bringen. Gerade wenn wir nur gut sein wollen, ziehen wir das Unangenehme oft an, weil wir durch das Verdrängen und Nichtakzeptieren des Gegenpols einerseits eine Fixierung schaffen, gleichzeitig aber auch ein derart starkes Ungleichgewicht erzeugen, das dann massiv zum Ausgleich zwingt. Jede Einseitigkeit fordert den Gegenpol geradezu heraus, um die von uns selbst geschaffenen Unterschiede in Balance zu bringen.

Erst durch das Erkennen und Leben der verschiedenen Pole können wir deren Energien auf eine höhere Ebene übertragen. In der Erkenntnis und Akzeptanz beider Pole liegt die Balance.

In Wirklichkeit sind gegensätzliche Pole und deren Erscheinungsformen jedoch nichts anderes als zwei Aspekte einer Energie und nur unser Bewusstsein wertet gegenteilig in positiv oder negativ, in gut oder schlecht.

So wie Sexualität und Spiritualität keine Gegensätze sind, sondern lediglich zwei mögliche Formen der Realität. Denn selbst wenn wir in bestimmten Zeiten oder durch besondere Umstände sexuell nicht aktiv sind, ist gerade diese Art Energie maßgeblich für sämtliche Aktivität und Kreativität. Sexualität gilt als Grundelement unserer Existenz – ebenso wie unsere spirituelle Weiterentwicklung.

Erst wenn wir in der Lage sind zu erkennen, dass der Weg der Gegensätze die einzige Möglichkeit ist, sich des Begreifens der Einheit anzunähern, leben wir zwar immer noch auf der Ebene der Polarität, können uns jedoch geistig mehr und mehr mit der gesamten Schöpfung in Verbindung bringen. Dabei bestimmt das subjektive Bewusstsein jedes einzelnen die jeweilige Polarität. Mit der Entfaltung des Herzchakras heben sich die Gegensätze allmählich immer mehr auf und irgendwann erkennen wir, dass Loslassen und Annehmen ein und dasselbe ist.

Alles ist zweifach,
alles hat zwei Pole,
alles hat sein Paar
von Gegensätzlichkeiten,
gleich und ungleich
ist dasselbe.
Gegensätze sind identisch
in der Natur,
nur verschieden im Grad.
Extreme berühren sich,
alle Wahrheiten sind nur
halbe Wahrheiten,
alle Widersprüche können
miteinander in Einklang
gebracht werden.

Kybalion

Gesetz des Rhythmus

Alles fließt, alles pulsiert – jeweils in einem dafür bestimmten Rhythmus. Somit ist alles in steter Bewegung. Auf den Tag folgt die Nacht, auf Ebbe die Flut, auf den Frühling folgt der Sommer, der Winter auf den Herbst. Auf Schaffensphasen folgen Ruhepausen und Tiefpunkte verwandeln sich in Höhepunkte, wenn sie ihr volles Ausmaß erreicht haben.

Zwar geht es auch hierbei wieder um Polarität, der Rhythmus ergibt sich aber gleichzeitig durch die sogenannte Sinuskurve, dem Auf und Ab oberhalb und unterhalb einer neutralen Linie. Wobei der tiefste Punkt gleichzeitig den Aufschwung oder die Aufwärtsbewegung angibt.

Gedanken, Gefühle, Wünsche auch das sind Energien, die innerhalb einer bestimmten Frequenz rhythmisch schwingen. Leid und schmerzvolle Erfahrungen zeigen an, dass etwas erkannt und gelernt werden muss. Wenn dann ein gewisser Bewusstseinsprozess stattgefunden hat, bewegt sich die Energie in die andere Richtung, das heißt jedoch nicht, dass das Leben dann an seinen Ausgangspunkt zurückkehrt, sondern es windet sich eher spiralförmig nach oben. Aus dem Rhythmus ergeben sich die Veränderung und die Erfüllung des Lebensplans.

Wird an Problemen festgehalten oder werden sie weiter verdeckt oder verdrängt, ohne darin die eigentliche Lernaufgabe zu erkennen, treten sie nach einer Zeit erneut und vielleicht sogar in verstärktem Maße auf – so lange, bis hinter dem Geschehen die eigentliche Aussage erkannt wird.

Gesetz von Ursache und Wirkung
Karmagesetz oder Gesetz des energetischen Ausgleichs

Wichtig zu wissen ist, dass jedes energetische Ungleichgewicht ausgeglichen werden muss. Jene Geschehnisse, die in unser Leben treten und deren Ursache wir nicht begreifen, bezeichnen wir gerne als Schicksal, Pech oder Zufall – oder auch als Glück.

Immer jedoch ist unsere derzeitige Lebenssituation ein Produkt vieler Ursachen, die wir selbst in der Vergangenheit geschaffen haben und so ruft jede Aktion auch eine Reaktion hervor. Jede Energie trachtet immer nach Ausgleich und jeder Energieausgleich erfolgt individuell. Somit erfährt jeder Mensch die Auswirkungen seiner Handlungen auch immer individuell, nach seiner eigenen energetischen Struktur, das heißt in der Form, die für ihn die bestmögliche Erkenntnis- und Entwicklungsmöglichkeit bietet. Was das eigene Verhalten betrifft, so erhält man das Feedback nicht immer unmittelbar, sondern entsprechend dem Reifeprozess der Seele oder der selbst getroffenen Entscheidung. Manchmal erst im darauf folgenden oder in späteren Leben.

Die unterschiedlichen Arten wie wir unseren freien Willen gebrauchen, lassen auch eine Vielzahl von Möglichkeiten, Ereignissen und Ergebnissen zu. Mit jedem neuen Leben bietet sich für jeden von uns wieder die Gelegenheit sich „so oder so" zu entscheiden, zu handeln und zu reagieren. Dabei sollten wir bedenken, dass jede gegenwärtige Entscheidung oder Tat immer auch unsere Zukunft betrifft.
Allein die Bewusstheit darüber sollte uns veranlassen, all unsere Handlungen dahingehend zu prüfen, ob wir selbst glücklich oder unglücklich wären, erfreut oder traurig, würden sie uns selbst treffen. Letztendlich tun wir das, was wir anderen antun, nur uns selbst an!

In diesem Zusammenhang ist es auch wichtig, näher auf den Begriff Karma einzugehen. Generell wird Karma als Vergeltungsmaßnahme, Schuldabdienen oder mitgebrachte Hypothek früherer Leben verstanden. Doch das ist nicht ganz richtig.

Karma ist ein Wort aus dem Sanskrit, einer indischen oder besser vedischen Weisheitslehre und bedeutet Tat oder Handlung. Gemeint ist dabei die freie Handlung aus dem Wissen der Gesetzmäßigkeiten heraus. Je reifer (d.h. bewusster) ein Mensch ist, umso freier ist er auch. Frei sein oder Freiheit bedeutet nicht zu tun oder zu lassen, was jeder selber möchte, sondern selbstbestimmt, seinem höheren Selbst oder der inneren Führung folgend, ohne egoistische Ziele und ohne innere Bindungen an ungeklärte Gedanken- und Gefühlsstrukturen zu handeln. Insofern ist Karma das ganz persönliche Grundmuster, das sich jeder Mensch für sein Leben ausgesucht hat, um wieder einen Schritt zu seiner seelischen Vervollkommnung zu machen. Dabei geht es um Lernprozesse, die freiwillig übernommen wurden, um Disharmonien oder Spannungen auszugleichen und negative Glaubenshaltungen und Überzeugungen durch entsprechende Erfahrungen und Erkenntnisse zu verändern. So hat jeder Mensch die Möglichkeit, in seinem eigenen Tempo, durch Selbsterkenntnis, das Erkennen von Schattenthemen und durch Rücknahme von Projektionen, seine alten Strukturen zu ändern und allmählich bewusster und reifer zu werden.

Oft ist Karma auch erst dann auszugleichen, wenn wir durch entsprechende Reife die nötige Einsicht für unsere Handlungen erlangen und die damit verbundenen Lernprozesse auch nachvollziehen können. Erst dann kann es auch zu einem Bewusstseinswandel kommen. Daher kann Karma auch nicht mit Vergeltung gleichgesetzt werden, da wir immer nur das erbringen müssen, wozu wir physisch und psychisch in der Lage sind. Jeder Mensch steht unter der Gnade des göttlichen Schutzes, die ihm jegliche Unterstützung zubilligt, ohne seine Handlungen, so schlimm sie auch sein oder gewesen sein mögen, zu bewerten. Dies gilt als Lebensprinzip, denn in der absoluten Einheit gibt es keine Polarität und somit auch keine Bewertung.

Wir sollten also negative oder positive Geschehnisse in unserem Leben weder mit gutem noch mit schlechtem Karma, noch als Belohnung oder Bestrafung interpretieren. Jede Erfahrung dient einzig dem Zweck zu lernen und zu erkennen.

Somit ist Reinkarnation die einzige Möglichkeit, sämtliche Prinzipien ins Bewusstsein zu befördern, um Erkenntnis zu erlangen. Durch die verschiedenen Leben gelangt die Seele zu immer mehr Reife. Dabei helfen uns die kosmischen Gesetzmäßigkeiten und die damit verbundene Erkenntnis nicht nur bei der Bewusstwerdung, sondern bieten die Unterstützung, sämtliche Aspekte des Lebens in Harmonie zu bringen und zu verbinden. Die kosmischen Gesetzmäßigkeiten lassen uns Zusammenhänge erkennen und geben uns die Möglichkeit, die eigenen Lebensumstände und Erlebnisse zu verstehen und sich selbst und seinen wahren Sinn im Dasein zu erkennen. Sie sind ein Mittel zu Heilung auf allen Ebenen.

Immer wieder und wieder
kehrst du hernieder
in der Erde wechselnden Schoß.
Bis du gelernt im Licht zu lesen,
dass Leben und Sterben eines gewesen
und alle Zeiten zeitenlos.
Bis sich die endlose Kette der Dinge
zum immer ruhenden Ringe
sich reiht.
In deinem Willen ist Weltenwille,
Stille ist in dir, Stille und Ewigkeit.

Manfred Kyber

Unser Energiesystem
seine Aufgaben und Funktionen

Da wir uns nun ausführlich mit dem Thema Energie und den universellen Gesetzmäßigkeiten beschäftigt haben, wollen wir uns nun unserem eigenen Energiesystem zuwenden.

Bevor wir uns jedoch in unsere Gefühls- und Gedankenstrukturen vertiefen, ist es notwendig, sich zunächst einen besseren Einblick in die energetischen Abläufe generell zu verschaffen – in die Zusammenhänge von Körper und Geist, den Aufbau unseres Energiesystems und die Auswirkungen energetischer Unterversorgung und Blockaden auf unser körperliches, geistiges und seelisches Befinden.

Wie bereits in den vorangegangenen Kapiteln erwähnt, sind wir durch unser persönliches Energiesystem verbunden mit allem was ist. Was keineswegs nur auf nahe stehende Personen oder auf unser näheres Umfeld begrenzt ist, sondern auch dieses so genannte Große-Ganze mit einschließt – den Kosmos, das Universum.

Unsere Haut ist dabei nur die letzte für uns sichtbare Hülle, die unseren physischen Körper umschließt. Jeder, der schon einmal eine Aurafotografie hat machen lassen, hat gesehen, oder weiß, dass da noch etwas um uns herum ist, etwas viel Feineres. Ein nebelartiges, mehr oder weniger farbiges Gebilde – unsere Aura. Die Aura, ein magnetisches Feld, umgibt unseren physischen Körper und durchdringt ihn gleichermaßen und schafft die Verbindung vom grobstofflichen Körper zur universellen Existenz. Dies gilt für alles Leben gleichermaßen.

Selbstverständlich ist diese Aura von Mensch zu Mensch unterschiedlich, was sowohl für ihre Form, ihre Größe, ihre Dichte, ihre Struktur, ihre Farben und ihren Inhalt zutrifft. Insofern ist die Einzigartigkeit eines Menschen nicht nur in seinen äußeren Merkmalen, in seinem Aussehen und seiner Persönlichkeit zu finden, sondern auch in der Beschaffenheit seiner Aura. Außerdem bedeutet dies, dass es der Geist ist, der die Materie schafft. Was so zu verstehen ist, dass unser Körper und unsere körperliche Beschaffenheit, inklusive sämtlicher damit verbundener Symptome, die materielle Form bzw. den materiellen Ausdruck unseres Geistes darstellen. Jede Veränderung, jede Verdichtung, jede Blockade in unserem Energiesystem hat über kurz oder lang auch immer Auswirkung auf unsere Psyche und unsere Physis.

Die Beschaffenheit der Aura ist jedoch ebenso von unserer geistig-spirituellen Entwicklung und auch vom jeweiligen Gemüts- und Gesundheitszustand abhängig. Insofern ist ein Aurafoto auch immer mehr oder weniger als eine Momentaufnahme anzusehen. Wobei sich grundsätzliche oder tragende Eigenschaften eines Menschen durchaus in der Größe und Dichte und in den Farben abzeichnen und auch gedeutet werden können. Besonders die auftretenden Farben machen die so genannte Chakren-Energie deutlich. Da jedem der sieben Hauptchakren eine Farbe zugeordnet wird, lassen sich daraus Eigenschaften, Verhaltensweisen und charakterliche Merkmale eines Menschen erkennen.

Die Chakren – ebenfalls ein Begriff aus dem Sanskrit – sind Energiewirbel oder Energiezentren in unserem Energiesystem, die die feinstofflichen Ebenen mit der materiellen Ebene verbinden und als Transformatoren zwischen Geist und Körper fungieren.

In diesen Chakren fließt Energie aus dem universellen oder kosmischen Energiefeld. Alle sieben Hauptchakren, einundzwanzig Nebenchakren und alle kleineren Kraftpunkte, wie z.B. Akupunkturpunkte, wie man sie aus der Traditionellen Chinesischen Medizin kennt, sind Öffnungen, durch die die Energie in unser Energiesystem hinein- und herausfließt. Je mehr Energie durch unsere Chakren transportiert wird und je freier die dafür benötigten Energiekanäle oder Energiebahnen sind, umso gesünder und vitaler sind wir. Ein Mangel an Energiefluss oder Blockierungen führen unweigerlich zu Krankheiten psychischer und physischer Art.

Speziell die sieben Hauptchakren finden ihre körperliche Entsprechung im endokrinen System, den Hormondrüsen des Menschen, wobei jedes Chakra zu einer endokrinen Drüse und zu einem Hauptnervenknoten gehört und bestimmten Körperbereichen und Organen zugeordnet werden kann. Darüber hinaus hat jedes Chakra auch eine psychodynamische Funktion, also eine direkte Auswirkung auf unsere Psyche.

Je bewusster die Zusammenhänge zwischen diesen Energiezentren und den körperlichen Entsprechungen und Symptomen sind, umso klarer wird die Tatsache, dass unser Energiesystem die Basis ist für Krankheit und Gesundheit, für Antriebslosigkeit und Aktivität, für Depression und Lebenslust – für Leben und Tod.

Wir identifizieren uns nicht mehr nur durch unsere körperliche Existenz. Wir erkennen uns als Wesen aus Energie. Unser Energiesystem als Träger oder „Gerüst" unseres physischen Körpers und dessen Inhalte schaffen die Voraussetzung für jede Manifestation und Situation in unserem Leben und für jede Veränderung im positiven wie im negativen Sinne.

Willst Du den Körper behandeln,
musst Du zunächst den Geist heilen.
Platon

Die Schichten unseres Energiesystems und ihre Inhalte

Die Wichtigkeit unseres Energiesystems und seiner Abläufe wird uns nun bewusst. Ohne unser Energiesystem gäbe es praktisch überhaupt keinen sichtbaren Beweis unserer Existenz. Unser Energiesystem versorgt uns mit dem lebensnotwendigen Stoff Energie – es ist also keineswegs nur unsere Nahrung, die uns am Leben erhält. – Woraus besteht übrigens unsere Nahrung? – Obst, Gemüse, Fleisch ist ebenfalls nichts anderes als verdichtete Energie – wie rein, ungedüngt, unbehandelt, unmanipuliert, frei von chemischen Schadstoffen auch immer. Wir erkennen so ganz nebenbei vielleicht, wie wichtig es ist, uns etwas mehr Gedanken über unsere Nahrungsmittel zu machen und unseren Hunger etwas genauer unter die Lupe zu nehmen. – Man ist, was man isst!

Bleiben wir jedoch zunächst bei unserem Thema.
Unser Energiesystem also ist das übergeordnete Organ unseres Körpers, wobei die verschiedenen Schichten oder Ebenen im Einzelnen, wie letztlich in ihrer Gesamtheit zu betrachten sind.

Auraforscher oder Aurasichtige und Traditionen, die älter sind als unsere westlich-wissenschaftlich orientierte Sicht- und Denkweise, legen zu Grunde, dass unser Energiesystem aus sieben Schichten besteht – manche sprechen auch nur von fünf – wobei jede Schicht als eine höhere Schwingungsebene anzusehen ist.

Im Folgenden nun der Ansatz, der meinem Verständnis entspricht und den ich in meinen Erfahrungen bestätigt gefunden habe.

Die erste Schicht, nach unserem sichtbaren Körper ist der **Ätherkörper**. Er ist es, der unseren physischen Körper zusammenhält, genau genommen kann dieser nur durch den Ätherleib existieren. Im Ätherkörper und den nachfolgenden feinstofflichen Ebenen befinden sich in einer senkrechten Energielinie auch die sieben Hauptchakren, auf die bereits im vorherigen Kapitel eingegangen wurde und die, wegen ihrer besonderen Wichtigkeit, auch noch in einem weiteren Kapitel näher erläutert werden.

Eine Funktion des Ätherkörpers ist, dass er zur Erhaltung des physischen Körpers und als Träger der Lebenskraft anzusehen ist. Bei jeder Wiederverkörperung bildet er sich neu und löst sich ca. vier Tage nach dem Tod auf. Er umgibt den physischen Körper im Abstand von etwa 10 – 15cm und dient sozusagen als Wärmespender für den körperlichen Organismus. Länger anhaltende negative Lebensumstände oder auch destruktive Gedanken und verletzte Gefühle vermindern das „Energiepolster" und nicht selten treten körperliche Schmerzzustände auf, wofür dann keinerlei schlüssige medizinische Ursachen festgestellt werden können.

Eine weitere Funktion des Ätherkörpers ist, dass er alle Krankheitserreger fernhält, die von außen an uns herangetragen werden. Nur durch Schwachstellen oder gar Löcher – ausgelöst durch die erwähnten Situationen oder Gründe – können „Erreger" (natürlichen wie unnatürlichen Ursprungs) eindringen und sich in irgendeiner Form negativ auswirken. Es ist also immer ein geschwächter energetischer Zustand, der Krankheit überhaupt möglich macht.

Die nächste Schicht in unserem Energiesystem ist unser **Emotionalkörper**. Er ist der Träger unserer Gefühle und Emotionen und wird deshalb auch oft „Gefühlskörper" genannt.

Auf den Unterschied zwischen Gefühlen und Emotionen lohnt es sich an dieser Stelle näher einzugehen.
Während ein Gefühl sich frei fließend ausdrücken kann, sind Emotionen mehr als Energiewellen zu verstehen, die eine gewisse Spannung erzeugen. Ein durch einen Gedanken ausgelöstes Gefühl strahlt ohne jede Anstrengung nach außen und schafft sogleich eine Kontaktaufnahme. Bei Emotionen dominieren die Gedankengänge, die immer mit bestimmten Erfahrungen, Erinnerungen und Sichtweisen verbunden sind und somit den freien Fluss oder Ausdruck verhindern. Folglich sind Emotionen blockierte Gefühle und dieser Unterschied sollte auf unserem Weg zur Selbsterkenntnis berücksichtigt werden.

Der **Mentalkörper** ist die Ebene unserer Gedanken und deren Ursprung – ihre Muster und Strukturen, entstanden aus Erfahrungen, eigenen, anerzogenen und vererbten Sichtweisen, Vorurteilen, Traditionen, Überzeugungen, Glaubenssätzen und ähnlichen positiven oder negativen Erkenntnissen und Hemmnissen. Wobei schwermütige und bösartige Gedanken den Mentalkörper und die gesamte Aura dicht und dunkel färben (grau / braun), während lichtvollere Gedanken sie in hellen Pastellfarben leuchten lassen.

Dann folgt als nächste Schicht der **Astralkörper**. Alles was den Menschen in irgendeiner Form bewegt oder anrührt, wird in Form von Energie über den Astralkörper in die ovalförmige (eiförmige) Aura ausgestrahlt. Während Gefühle und Gedanken aus der Emotional- und Mentalebene durch unmittelbare Handlungen sichtbar gemacht werden können, ist der Astralbereich bereits eine rein geistige Ebene und wird auch als magnetisches Zentrum der sichtbaren und der unsichtbaren Welt bezeichnet.

Er ist sowohl unser Traumkörper, als auch der Bereich für außersinnliche Wahrnehmungen und Erfahrungen (Astralreisen). Willentliche Astralreisen sind jedoch erst dann möglich, wenn durch die

Bewusstseinsentwicklung des Menschen, die Substanz im Ätherleib eine bestimmte Durchlässigkeit und Feinheit erreicht hat.

Der nachfolgende Energiekörper, der **Kausalkörper**, kann in drei Schichten unterteilt werden. Der Kausalkörper dehnt sich am weitesten aus und weist einen mentalen und emotionalen Aspekt auf. Der Kausalkörper ist von feiner Energie. Auch wird er oft als „Seelenkörper" bezeichnet, weil er die Ursache (lateinisch „causa") bzw. den Grund oder die Quelle unserer Gedanken und Gefühle hinsichtlich unseres Wesenskernes darstellt – die Ursache unseres Daseins oder Erdenlebens.

Beispielsweise ist unser individueller Lebensplan im Kausalkörper gespeichert. Die Seele berät sich vor jeder Wiederverkörperung mit ihren Geistführern darüber, welche Aufgaben in dem künftigen Leben zu erfüllen sind, die für ihr weiteres Wachstum wichtig sind. Dies schließt ebenfalls mit ein, welche negativen Glaubenshaltungen und Gedankenmuster durch entsprechende Erfahrungen zu verändern oder zu transformieren sind. Daraus ergibt sich die persönliche Lebensaufgabe eines Menschen.

Durch die Wahl der Eltern ergibt sich dann das nötige Umfeld und die Energiemischung, die für die zu machenden Erfahrungen notwendig sind und die als Basis für die inkarnierende Seele dient.

Dabei enthält der Lebensplan unzählige Möglichkeiten, um dem individuellen Willen alle Freiheiten zur Entscheidung zu lassen.

Bereits bei der Empfängnis entsteht zwischen der Seele und dem befruchteten Ei eine energetische Verbindung, die sich mit zunehmendem Wachstum des Fötus immer mehr verdichtet. Dabei steht es wohl außer Zweifel, dass sich nur solche Seelen gegenseitig anziehen können, deren Grundschwingung ähnlich ist. Das allein mag schon genügen, um unser bisheriges Elternbild zu korrigieren oder gar zu revidieren. – Wir haben uns unsere Eltern selbst ausgesucht! Wir sind ihnen nicht einfach so in den Schoß gefallen. Also sollten wir hier ganz besonders den Begriff „Schuld" einer eingehenden Prüfung unterziehen und einer neuen Sichtweise Platz machen. Einer Sichtweise, die unsere Eltern in ein völlig neues Licht rückt. In ein Licht, das Vergebung und Versöhnung zulässt und sie uns als die beiden Menschen erkennen lässt, durch die wir die Möglichkeit zur Wiederverkörperung bekommen haben, um ein Stück voran zu kommen auf unserem selbst gewählten Weg.

Wie schwer oder wie leicht dieser Weg für uns ist, liegt nicht an ihnen, sondern daran, was wir uns für dieses Leben vorgenommen haben. Sie sind die von uns erwählten „Erfüllungshelfer" auf dem Weg zu unserem Seelenheil.

Haben wir diesen Gedanken erst einmal in unser Bewusstsein integriert, vereinen sich Verstand und Gefühl im Herzen und wir können voller Selbstvertrauen und Demut alle unterschiedlichen Seiten gegeneinander abwägen und in Balance bringen und endlich ohne weitere Schuldzuweisungen und ohne Selbstverleugnung der Kraft der Liebe Raum und Gestalt geben.

In dem Maß
wie die Liebe wächst,
wird auch die
Schönheit in dir wachsen.

Augustinus

Chakren – Schaltstellen zwischen Körper, Geist und Seele

Um noch konkretere Einblicke sowohl in unser Energiesystem, als auch in unsere Persönlichkeit zu bekommen, wollen wir uns nun mit den 7 Hauptchakren etwas eingehender beschäftigen.

Wie bereits aus den beiden vorangegangenen Kapiteln hervorging, dienen die Chakren als Schaltstellen oder Transformatoren zwischen den geistigen Ebenen und unserem physischen Körper.
Jedes Chakra steht für eine bestimmte Ebene unseres feinstofflichen Systems und hat somit auch eine bestimmte Thematik zum Inhalt, die sich in besonderen Eigenschaften und Verhaltensweisen ausdrückt und auch in Zusammenhang mit Erkrankungen und Beschwerden stehen kann. Je mehr und je ungehinderter die Energie durch unsere Chakren fließt, umso gesünder sind wir. Mit zunehmender Bewusstheit erkennen wir auch, wie unser Denken und Fühlen, unsere Glaubenshaltungen und Überzeugungen den mentalen und emotionalen Körper beeinflussen, was sich dann wiederum über den ätherischen Körper auf unseren physischen Körper auswirkt.
Jedes Chakra schwingt in seiner normalen Drehung sowohl auf die Vorderseite, als auch auf die Rückseite unseres Körpers. Wenn hierbei von „Körper" die Rede ist, dann ist natürlich die körperliche Entsprechung gemeint. Die Chakren selbst befinden sich, wie bereits

Die Anordnung der Chakren

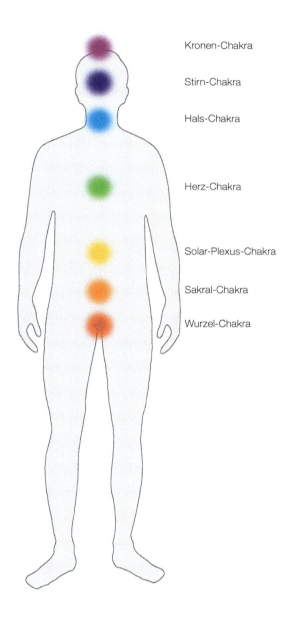

besprochen, im Ätherkörper und den nachfolgenden Energieschichten. Zum besseren Verständnis wenden wir uns nun der Reihe nach, von unten nach oben, jedem einzelnen Chakra zu.

Wurzel- oder Basis-Chakra

Es befindet sich am unteren Ende der Wirbelsäule, im Steißbein- oder Dammbereich.

Dieses Chakra symbolisiert den körperlichen **Willen zum Sein**.

Hier geht es um den Lebenswillen und wie verwurzelt ein Mensch in seinem Körper und seinem Erdenleben ist. Es geht um das Anerkennen und Fördern der eigenen Existenz. Der Mensch identifiziert sich über seinen Körper, mit seinem Besitz, mit dem was er geerbt oder geschaffen hat, mit dem was er dadurch „ist". Materielle Werte geben ihm Sicherheit und Vertrauen. Herkunft und Tradition spielen eine Rolle und auch die Erdung, was soviel bedeutet, wie mit beiden Beinen auf dem Boden stehen. Sexualität und Arterhaltung, Vertrauen in sich, in die Zukunft und in andere Menschen, aber auch Lebenskampf, Hang zu Aggressionen, Todesangst, Selbsterhaltungstrieb, Hass, Zorn und Egoismus zählen zu den Inhalten.

Wir sollten der elementaren Kraft des Wurzelchakras nicht zu wenig Bedeutung beimessen. Ein Faktum, das vor allem sehr „esoterisch" ausgerichteten Menschen oft fehlt. Wirkliche Spiritualität ist nur von einer sicheren Basis aus möglich. Nur wer mit beiden Beinen auf dem Boden steht, kann sich mit Freude in die höchsten Höhen aufschwingen. Alles andere ist oft nur Lebensflucht und weist auf ein wenig aktives Wurzelchakra hin.

Im körperlichen Bereich werden diesem Chakra die Beine und Füße zugeordnet, also der direkte Kontakt zur Erde. Außerdem die Blase, das Darmsystem, Blut und Blutzucker-Balance, das zentrale Nervensystem und der Ischiasnerv.

Typische Erkrankungen und körperliche Symptome sind Gewichtsprobleme, Essstörungen (wie Anorexie oder Bulimie), Blasen- und Darmleiden, Verstopfung, Durchfall, Hämorrhoiden, Krampfadern, Stoffwechselstörungen, schwache körperliche Verfassung, mangelnde Widerstandskraft.

Die zugehörige endokrine Drüse ist die Nebenniere.

Dem Wurzelchakra wird die Farbe Rot zugeordnet. Rot steht für vitale Kraft und Stärke, aber auch für Mut und Durchsetzungskraft und die Fähigkeit sich den Aufgaben des Lebens zu stellen.
Visualisierungsübungen mit der Farbe Rot sorgen für Erdung, was bei Meditationen und überhaupt bei jeglicher Bewusstseinsarbeit von nicht zu unterschätzender Bedeutung ist, wie auch bei der Erlangung von mehr Selbstsicherheit und Selbstvertrauen.

Sakral- oder Sexual-Chakra

Es befindet sich im Kreuzbeinbereich, etwas oberhalb der Schambeingegend, ca. eine Handbreit unter dem Nabel.

Dieses Chakra steht für die **schöpferische Kraft des Seins.**

Hierbei geht es um Sexualität ebenso wie um Kreativität, Freude Lust, Sinnlichkeit, Partnerschaft und Beziehung, Wunsch nach Nähe, sämtliche Gefühle sich selbst und anderen gegenüber, aber auch Mangel an Selbstwertgefühl, Gefühlskälte, Gefühlsstau, vermindertes Körpergefühl, Angst vor Nähe, Schuldgefühle, Unsicherheit und Hemmungen dem anderen Geschlecht gegenüber.

Im körperlichen Bereich unterstehen diesem Chakra die Geschlechts- und Ausscheidungsorgane, Dickdarm, Milz, Nieren und das Kreuzbein-Geflecht. Außerdem regelt es den Fluss aller Körpersäfte.

Typische Erkrankungen und körperliche Symptome sind Eierstock-Entzündung, Gebärmutter-Entzündung, Gebärmutter-Vorfall, Prostataleiden, gestörte Keimdrüsenfunktion, Beschwerden im Hüft- und Kreuzbereich, Nierenleiden, Gallensteine usw.

Als endokrine Drüse gelten in dem Fall die Geschlechtsdrüsen (Keimdrüsen) – die Eierstöcke bei der Frau, die Hoden beim Mann.

Dem Sakralchakra wird die Farbe Orange zugeordnet. Orange entspricht der Lebensfreude. Visualisierungsübungen mit der Farbe Orange fördern die Selbstsicherheit im Umgang mit anderen Menschen, dem anderen Geschlecht und harmonisieren emotionale Blockaden, wie Berührungsängste und Angst vor Nähe.

Solar-Plexus-Chakra (Sonnengeflecht)

Es befindet sich in der Magengrube, etwa eine Handbreit über dem Nabel.

Bei diesem Chakra geht es um die **Gestaltung des Seins**, um die Lebensgestaltung.

Weitere Inhalte sind die Entwicklung der Persönlichkeit und der eigenen Fähigkeiten, Selbstbewusstsein, Selbstständigkeit, Willensstärke,

Macht, Dominanz, Opfer-/Täterbewusstsein, jegliche Art von Angst, Trennung, Loslassen von allem was die Entwicklung behindert – ob Menschen, Bindungen an Beruf, Besitz oder sonstige überholte Werte oder Verhaltensweisen. Im körperlichen Bereich beherrscht dieses Chakra den Magen, die Leber, die Gallenblase, das Verdauungssystem, die chemische Verarbeitung der Nahrungsmittel, das Muskelsystem, den Lendenwirbelbereich. Auch ist es von besonderer Bedeutung für das vegetative Nervensystem.

Typische Krankheiten und körperliche Symptome sind Magen-, Leber- und Gallenleiden, Störungen im Verdauungssystem, im Zwölffingerdarm und der Bauchspeicheldrüse, Störungen im vegetativen Nervensystem.

Als endokrine Drüse gilt hier die Bauchspeicheldrüse.

Die Farbe des Solar-Plexus-Chakra ist Gelb. Gelb ist die Farbe des Verstandes, aber auch der heiteren sonnigen Gefühle. Visualisierungsübungen mit Gelb wirken anregend auf die Gehirntätigkeit, fördern logisches Denken, Fröhlichkeit und Optimismus, zerstreuen diffuse und angstbesetzte Gedankengänge und Gefühle und beugen depressiven Stimmungen vor.

Herz-Chakra

Es befindet sich in der Brustmitte.

Hier geht es um die tatsächliche **Hingabe an unser Sein** und um die Kraft des Herzens.

Darin enthalten sind die bedingungslose Liebe, Selbstlosigkeit (nicht zu verwechseln mit Selbstverleugnung), Harmonie, Loslösung von den Eltern, Versöhnung, Güte, Offenheit, Akzeptanz, Aufgeben von Bewertung, nichts an anderen Menschen verändern wollen, höchstens anregen und fördern, die Andersartigkeit tolerieren, Nächstenliebe. Dabei geht es nicht nur um Herzlichkeit und Einfühlsamkeit, sondern um eine umfassende Art von Verstehen und Verständnis und um die Fähigkeit, sich vom Wesen eines Menschen berühren zu lassen. Der Wunsch und die Bereitschaft dem Großen-Ganzen zu dienen wird lebendig. Die eigenen Ziele und Wünsche sind auf das Wohl der Gemeinschaft ausgerichtet.

Im körperlichen Bereich ist dieses Chakra dem Herzen zugeordnet, dem Herz-Kreislauf-System, den Armen und Händen, der Lunge und dem Immunsystem.

Typische Krankheiten und körperliche Symptome sind Herzbeschwerden, Erschöpfungszustände, Durchblutungsstörungen, Immunschwäche, Psychosen wie Depressionen, Launenhaftigkeit, Dogmatismus, Fatalismus etc.

Als endokrine Drüse gilt hier die Thymusdrüse.

Dem Herzchakra wird die Farbe Grün zugeordnet. Grün steht für Hoffnung und die immerwährende Kraft des unerschöpflichen Lebens. Visualisierungsübungen mit der Farbe Grün unterstützen Harmonie und Entspannung, wirken ausgleichend auf Herz und Nerven, fördern die Regeneration nach Krankheiten und Erschöpfungszuständen, wirken beruhigend und erfrischend zugleich.
Ist das Herzchakra dauerhaft geöffnet, verändert sich seine Farbe in fluoreszierendes Rosa.

Kehl- oder Hals-Chakra

Es befindet sich im Halsbereich, genauer gesagt am Kehlkopf oder der Kehlwurzel.

Hier geht es um den **Ausdruck des Seins**, um Selbstausdruck der sich nicht mehr durch Egodominanz auszeichnet, die unsere Persönlichkeit beherrscht, sondern bereits die Führung unseres Höheren Selbst repräsentiert.

Selbstausdruck bedeutet aber auch seinen ureigenen Platz in der Welt einzunehmen und voll zu erfüllen.
Des Weiteren geht es um die schöpferische Kraft, die Kreativität. Wobei kreative Schöpfung mit der dem Sakral-Chakra zugeordneten Schöpfung durchaus verwandt ist. Das bedeutet sowohl physische als auch geistige Kreativität.
Nicht umsonst wird dieses Chakra auch Kommunikationszentrum genannt. Dabei geht es um die Entwicklung der Kommunikationsfähigkeit, die die Bewusstheit und Integration von Körper, Geist und Seele zum Ausdruck bringt, aus der sowohl Individualität, als auch Teilhaftigkeit an der großen Einheit sprechen.

Im körperlichen Bereich beherrscht dieses Chakra den Mund, die Nase, den Hals, die Bronchien, die Atemwege, die Nacken- und Schulterpartie, die Halswirbelsäule, die Schilddrüse und die Nebenschilddrüse, sowie Stimme und Stimmbänder.

Typische Krankheiten und körperliche Symptome sind sämtliche Erkältungskrankheiten, Halsschmerzen und Husten, Heiserkeit, Bronchialkatarrh, Über- und Unterfunktion und Störungen der Schilddrüse und die damit einhergehenden psychischen Symptome.

Als endokrine Drüse gilt hier die Schilddrüse und Nebenschilddrüse.

Dem Kehl-Chakra wird die Farbe Blau zugeordnet. Blau ist die Farbe für Konzentration und Stabilität. Die Schwingung von Blau ist beruhigend, ausgleichend und entspannend, sorgt für innere Ruhe, Frieden und Gelassenheit, baut Ängste ab und hilft bei Schlafstörungen.

Stirn-Chakra

Es befindet sich an der Nasenwurzel, zwischen den Augenbrauen und wird daher auch „3. Auge" genannt.

Hier geht es um die **Erkenntnis des Seins**, um das Erfassen aller Daseinsbereiche und deren Zusammenhänge.

Gedanken und Gefühle sind in Einklang und die Wahrnehmung der Wirklichkeit liegt im Wesentlichen der Dinge. Es geht um Intuition und Inspiration aus dem Höheren Selbst und um Imagination und Visualisation, sowie die Entwicklung der höheren Sinne, wie Hellsehen, Hellhören, Hellfühlen.

Im körperlichen Bereich beherrscht dieses Chakra den gesamten Kopf, die Augen (Spiegel der Seele), die Ohren, den unteren Gehirnteil, aber auch die Zähne und das Zahnfleisch.

Typische Erkrankungen und körperliche Symptome sind Kopfschmerzen, Migräne, Nervenentzündungen im Gesicht (Trigeminusneuralgie), Seh- und Hörschäden (Tinitus), Nebenhöhlenerkrankungen, Zahnschmerzen, Probleme mit Weisheitszähnen.

Als endokrine Drüse ist hier die Hypophyse (Hirnanhangdrüse) maßgeblich, die die gesamte Hormonausschüttung reguliert. Störungen haben somit eine direkte Auswirkung auf alle Organe und auf die Psyche.

Die diesem Chakra zugeordnete Farbe ist Indigo. Ein Farbton zwischen Königsblau und Lila. Die Schwingung von Indigo schafft Raum für freies Denken und holt Unbewusstes ins Bewusstsein, hilft bei nervösen Störungen, lindert akute Schmerzen und schafft Verbindung zu höheren Bewusstseinsebenen.

Kronen- oder Scheitel-Chakra

Es befindet sich am höchsten Punkt unseres Kopfes, dem Scheitelbereich.

Hier geht es um das **kosmische Bewusstsein** und die unmittelbare Kommunikation mit dem Kosmos.

Es geht um Vollkommenheit und die ständige Verbindung zum Höheren Selbst. Durch die Aktivierung dieses Chakras bleiben Begriffe, wie Einheit, Teil des Ganzen, Einssein oder das Große-Ganze nicht mehr nur Worte oder vage Vorstellung, sondern Erkenntnis und erfahrene Bereiche des absoluten Seins.

Der Mensch erkennt sich als geistiges Wesen, als Teil des Universums und als Instrument der göttlichen Energie. Weisheit und eine Art Urvertrauen in die eigene Intuition durch die Verbindung von Stirn- und Scheitelchakra erlösen von Projektionen und Schattenthemen. Wer seine dunklen Persönlichkeitsanteile kennt und angenommen hat, scheut nicht mehr das Licht. Geistiger und seelischer Frieden schaffen höchste Vollendung.

Im körperlichen Bereich beherrscht dieses Chakra das Gehirn und die Gehirntätigkeit, sowie das zentrale Nervensystem.

Als endokrine Drüse ist die Epiphyse oder Zirbeldrüse maßgeblich. Sie regelt das Atemsystem, hat direkte Auswirkung auf den Blutdruck und ist von außerordentlicher Wichtigkeit für die physische Erscheinungsform unseres Lebens, hat aber auch unerforschte Funktionen das Leben in seinem göttlichen Ursprung betreffend.

Dem Scheitelchakra wird die Farbe Violett zugeordnet. Während Rot die Farbe mit der niedrigsten Lichtfrequenz ist, ist Violett die Farbe mit der höchsten Schwingung. Sie symbolisiert göttliche Eingebungen und klarsichtige Weisheit. In der Farbe Violett heben sich alle Gegensätze auf und Himmel und Erde vereinen sich. Violett ist die Farbe der göttlichen Erkenntnis.

Um auf unserem spirituellen Weg stetig voranzukommen, ist es wichtig, die Aktivierung aller Chakren zu fördern.

Vor allem ist es wichtig zu wissen, dass die oberen drei Chakren sich nur dann dauerhaft öffnen können, wenn die inhaltlichen Themen und Aufgaben der unteren Chakren erfüllt und integriert sind. Wobei die Klärung der unteren drei Chakren auch besonders maßgeblich ist, bevor die Entfaltung des Herzchakras in ihren irdischen (Herzkraft und Herzensgüte) und in ihren kosmischen (heiliges Herz) Dimensionen möglich wird.

Auch sollte tunlichst vermieden werden, durch irgendwelche „Techniken" oder Übungen die Öffnung einzelner Chakren zu bewirken. Vielmehr sollte eine möglichst gleichmäßige Aktivität sämtlicher

Chakren angestrebt werden, da nur ein gleichmäßiger Energiefluss uns auch von seelischen Blockaden befreit und zu körperlichem Wohlbefinden, Gesundheit und Heilung beiträgt.

Die Mehrzahl der Menschen in der momentanen Zeitphase lebt aus den unteren drei Chakren. Doch erst wenn auch unser Herz ganz offen ist, erreichen wir eine Sichtweise, in der negativ empfundene Ereignisse und Situationen aus unserer Vergangenheit als Chancen erkannt werden, die unser Leben in positiver Weise beeinflusst haben. Dann erst ist die Versöhnung mit Menschen und Aussöhnung mit Lebensumständen möglich, die wir ehemals als konfliktreich, problematisch und belastend empfunden haben. Dann erst kann Vergebung uns selbst und anderen gegenüber erfolgen. Vergebung findet im Herzen statt, nicht im Kopf!

Die Entwicklung des Herzchakras und die Öffnung unseres Herzens ist somit oberste Voraussetzung für die weitere Entwicklung unseres Bewusstseins und für wirkliche Spiritualität, die uns die göttliche Energie – die Liebe – in uns und in anderen erkennen und fühlen lässt.

Nur wenn wir für alles um uns her empfindsam sind,
beginnt eine andere Art des Denkens,
die nicht durch unsere Konditionierung begrenzt ist.

Krishnamurti

Das Herz
Schlüssel zur Einheit

Wie bereits erwähnt, agiert ein Großteil der Menschen aus den unteren drei Chakren.
Solange jedoch nur aus den unteren Chakren agiert wird, reagieren wir praktisch wie Marionetten, da wir energetisch an die Bilder und Strukturen unserer Vergangenheit gebunden sind. Die Vergangenheit kann dabei oft weit zurückliegen.

Die oberen Chakren jedoch, oder besser die Inhalte der oberen Chakren, erfahren durch die Erdung erst ihre Lebensform. Die unteren Chakren wiederum werden durch den Einfluss der spezifischen Energieformen der oberen Chakren erhöht und verfeinert und bekommen dadurch eine wesentlich gesteigerte Qualität.

Die verbindende Rolle in unserem Energiesystem spielt dabei das Herzchakra.

Das Herzchakra und das physische Organ Herz sind das magnetische Zentrum im menschlichen Sein und die Stelle in uns, welche Mittelpunkt und Ausgangspunkt gleichermaßen darstellt, wenn es um Liebesfähigkeit, Selbstliebe und Selbstverwirklichung sowie Bewusstseinsentwicklung und Spiritualität geht.

Darum erscheint es mir angebracht, diesem besonderen Bereich nähere Zuwendung und Erklärung zu widmen, um seine Wichtigkeit hervorzuheben.

Das Herzchakra und das dadurch erwachende Herz sind sozusagen diese vierte Dimension, die unsere Erde und uns Menschen aus der bisherigen dreidimensionalen Realität heraushebt.
Unser gesamter Planet bekommt eine neue Energiestruktur und die Transformation ist in vollem Gange. Sämtliche Atome und Moleküle der Erde und jedes einzelnen Wesens gehen dabei in eine höhere Energiefrequenz über.

Die fortwährenden Veränderungen sind unübersehbar – auf allen Ebenen – und nicht aufzuhalten. Das sollte uns jedoch keinesfalls ängstigen, sondern stattdessen erkennen lassen, dass dadurch unser Wachstum und unsere persönliche Entwicklung ungeahnte Schubkraft bekommt und unsere Energiekörper mehr und mehr aktiviert werden.

Selbstverständlich ist dieser Vorgang mit Reinigungserscheinungen globaler und persönlicher Art verbunden, zumal unsere kollektive Realität größtenteils ein Spiegel der Ängste, Meinungen, Überzeugungen, Glaubenssätze und Vorlieben, sowie sonstiger negativer und positiver Energiestrukturen darstellt.

Jeder der seine überholten Glaubenssätze und Illusionen klärt und auflöst, befreit die Welt davon und wird dadurch zum Mitschöpfer einer Neuen Welt. Letztlich verhilft uns die Arbeit mit uns und an uns zu einem schöneren und befreiteren Leben.

Um das spirituelle Wachstum auf der Erde abzuschließen, ist die absolute Herzöffnung nötig. Mit Herzöffnung ist ein aktives Herzchakra gemeint und die daraus resultierende Herzensqualität. Die

Wahrheit des Herzens, die sich dann mit immer deutlicherer Klarheit abzeichnet.

Dabei durchläuft die Erde den gleichen Aufstiegsprozess wie wir und wenn von Reinigungserscheinungen die Rede ist, dann denken wir an Vulkanausbrüche, Erdbeben, künstliche und natürliche extreme Wetterphänomene, wie auch Krankheiten und Seuchen und alles andere was sich im Laufe ihrer Interaktion mit uns Menschen an Energien angesammelt hat und somit als Struktur vorhanden ist.

Das ist nicht etwa eine zurechtgezimmerte Erfindung verrückter New-Age-Philosophen. Im Grunde kann es jeder beobachten. Nimmt doch schließlich jeder mehr oder weniger bewusst daran teil. Also ist auch jeder aufgefordert, alles in seinen Kräften stehende zu tun, um am Energieausgleich mitzuwirken und Bewusstsein zu fördern.

Sobald unser Herzchakra aktiver wird und sich mehr und weiter öffnet, macht auch unser physisches Herz Entwicklungsstadien durch. Es sind Vorgänge, die sich in nahezu konzentrischen Kreisen vollziehen, wobei immer eine Dimension auf die andere aufbaut. So entfaltet sich mehr und mehr eine neue Art der Wahrnehmung und des Denkens und Fühlens, was wiederum als erweiterte Grundlage für Wachstum und Spiritualität steht.

Das Herz wird auch „das Tor zur Seele" genannt – sowohl in Bezug auf unser individuelles Leben, als auch in die Ewigkeit hinein. Es ist der Dreh- und Angelpunkt zwischen Körper und Seele – zwischen der materiellen und der geistigen Welt. Es ist die Stelle, wo Wissen zu höherem Wissen, zu Weisheit und Wahrheit wird. Es ist die Stelle, wo die inneren und die äußeren Kräfte konform laufen – die wahre Quelle der menschlichen Kraft. Es ist die Stelle, wo sich die Gegensätze auflösen. Es ist die Stelle, wo der Wille Gottes und unser Wille eins sind. Es ist unsere wahre Mitte.

Wir sehen also, unser Herz ist weitaus mehr als die Pumpe, von der immer so lapidar gesprochen wird. Es ist vielmehr ein Kraftwerk, welches das Zusammenspiel aller Zellen, Organe und geistigen Strukturen beherrscht und letztlich zu der Essenz vermischt, die das Leben in göttlichen Einklang bringt. Es ist der Punkt, wo alle physischen, intellektuellen, emotionalen und spirituellen Komponenten der menschlichen Existenz verschmelzen.

Je ungehinderter die Kommunikation mit diesem Bereich ist, desto stärker und kräftiger ist auch unsere Lebensenergie.

Dass der Weg zu unserem Herzen ebenfalls von einem reinigenden Prozess begleitet wird, steht somit außer Frage.
Physische und psychische Symptome sind die Regel. Herzrasen, Herzrhythmusstörungen, Hitzewallungen, Verdauungsstörungen, Übelkeit, Allergien, mehr oder minder starke Kopfschmerzen, Ohrgeräusche – um nur einige zu nennen. Aber auch Trennungen, Verluste persönlicher und materieller Art, diffuse Gemütsverfassung, Ängste und sonstige Einbrüche, die Veränderungen und Neuorientierung mit sich bringen.
Dabei geht es nur darum uns von Trugbildern, Illusionen, Wertungen und Urteilen zu befreien. Denn unser Herz ist schließlich keine „Mördergrube", sondern ein heiliger Raum. Ein Raum mit einer erhöhten Wahrnehmung und Entscheidungskraft.

Es gibt so etwas wie eine höhere Intelligenz des Herzens, die mit der Intelligenz des Verstandes nicht zu verwechseln ist. Es ist eine Art von Intelligenz, die als Weisheit des Herzens gilt und frei ist von jeglicher Egodominanz und Dünkelhaftigkeit des Intellekts.

Das, was wir als Herzkraft, Herzensqualität oder großes Herz bezeichnen, ergibt sich aus verschiedenen Elementen, die sich nach und nach entwickeln, indem wir an die jeweiligen Aufgabenstellungen herangeführt werden. Erst dann, wenn diese in ihrer gesamten Dimension erfasst, verinnerlicht und erfüllt sind, kommt die nächste Position zum tragen.

Ich selbst habe während meines persönlichen Weges sieben solcher Verständnisebenen oder Dimensionsringe beobachten können, was natürlich keinesfalls als bindendes Element gelten mag. Mir jedoch erschien die Zahl 7 insofern prädestiniert, repräsentiert sie doch in der Numerologie das göttliche, das solare Gesetz einer höheren Ordnung. Mit dem solaren Gesetz ist das Licht gemeint – die Sonne – die Energie die allem Leben zu Wachstum und Reife verhilft. Außerdem ist die Zahl 7 meine persönliche Lebenszahl.

Wenden wir uns nun, zum besseren Verständnis, den einzelnen Dimensionsringen zu. Erst dann können wir darin die spezielle Herzensthematik erkennen.
Die primäre Erkenntnis überhaupt ist der Begriff **EINHEIT**. Was bedeutet das, „alles ist eins" oder das „Große Ganze", von dem jeder und alles wiederum Teil ist?
Es bedeutet, Teil eines Urgrundes zu sein, in dem eine gesetzmäßige Ordnung besteht, die grundsätzlich auf Harmonie ausgerichtet ist. Je weiter wir von dieser Harmonie entfernt sind, umso massiver sind oftmals die Korrekturen. Sobald der Begriff EINHEIT verinnerlicht ist, sind egoistische Denk- und Verhaltensweisen nicht mehr möglich. Konflikte durch Macht-, Dominanz- und Konkurrenzbestreben fallen weg. Unser spezielles Wohl ist immer zum Wohle aller Beteiligten, der Gemeinschaft und des Großen Ganzen. Sich darüber einig sein, ohne Wenn und Aber – ohne auch nur den geringsten Gedanken an Profit oder Verlust und das leiseste Gefühl von Stolz oder Bedauern. EINHEIT – ohne Angst seine Individualität zu verlieren und dadurch Macht einzubüßen oder sich zu verlieren, braucht allergrößtes Vertrauen in die göttliche Ordnung. Das Herz ist der Schrittmacher – Verstand und Gefühl sind dabei oft die schlechtesten Begleiter. Insofern befassen wir uns so lange und immer wieder

mit der entsprechenden Thematik, bis der Einheitsgedanke selbstverständlicher Ausdruck unserer Handlungen ist. Bis wir uns den inneren Welten mit ihren Reichtümern bewusst sind und geistiges Erwachen die geistige Einheit reflektiert.

Als nächster Verständnisebene stellen wir uns der **LIEBE**.
LIEBE in all Ihren Facetten des menschlichen Daseins und LIEBE als Kraft, die das gesamte Universum bewegt.
Solange der Begriff EINHEIT nicht integriert ist, hat LIEBE immer einen egoistischen Charakter. Für die meisten Menschen ist LIEBE nichts anderes als eine wechselseitige Befriedigung. Das kann durchaus auch gegenseitige Ausbeutung sein. LIEBE entsteht nicht durch besonders starke Gefühle und Gedanken. LIEBE erfordert auch nicht das Einhalten bestimmter Regeln und Methoden. LIEBE ist unabhängig von Bindungen, Bedingungen und Personen. Sie gedeiht nur ohne Zwang, Kontrolle und Forderungen. LIEBE heißt, alles was uns in unserem Leben begegnet zu achten und zu würdigen – Alles ist zu unserem Wohle! Auch unangenehme Ereignisse haben immer einen „reinigenden" Charakter, bezogen auf die eigenen, als auch auf die Gesamtstrukturen und dienen letztlich der LIEBE. Je näher wir in unserem Sein und Handeln dieser Essenz sind, je weniger werden die Begriffe Treue und Untreue unsere Aufmerksamkeit erfordern. Erst müssen wir uns selbst treu sein, in unseren Entscheidungen ebenso, wie in unserer gesamten Lebensführung, dann sind uns auch andere treu – im engsten und im weitesten Sinne.
LIEBE deinen Nächsten wie dich selbst – dies setzt vor allem Selbstliebe voraus. Auch wenn dies für manche noch so sehr nach Egoismus oder gar Narzissmus klingt. Selbstliebe bedeutet nichts anderes, als sich annehmen, in einer ganz speziellen Art – ohne Masken. LIEBE ist die Sehnsucht nach der Erfüllung unseres göttlichen Plans und das Vertrauen auf Führung und Fügung.
LIEBE ist Mitgefühl und Einfühlungsvermögen – keinesfalls Mitleid. Mitgefühl bedeutet, empfindsam zu sein für andere und anderes.

Erfüllt von Zuneigung verschafft es uns die Wahrnehmung anderer Gemüts- und Gedankenvorgänge und letztlich auch Handlungen – ohne Bewertung und ohne Identifikation. Mitleid dagegen potenziert das Leid und lässt immer auf eigene, unabgeschlossene und ungeheilte Probleme schließen.
Die LIEBE ist die Essenz des Lebens und das Leben wird zu gelebter LIEBE.

Dabei sind wir schon beim nächsten Dimensionsring – **LEBEN**.
Wenn die LIEBE im Zusammenschluss mit EINHEIT in ihrer fundamentalsten Form erfasst ist, fließt sie in unser LEBEN und bereichert es. Kommt diese Dimensionsebene voll zum tragen, kann es mitunter vorkommen, dass wir unseren kompletten bisherigen Lebensstil hinterfragen, neu überdenken und entsprechende Veränderungen vornehmen. Somit ist LEBEN niemals ein Verweilen und Festhalten alter Strukturen und Muster, sondern fließende, sinnvolle Erfahrung und Erkenntnis. Im LEBEN eine dynamische Kraft erkennen und dem natürlichen Fluss folgen, der unseren ganz speziellen Weg bestimmt.
LEBEN ist Lernen und findet immer im Hier und Jetzt statt. Die Vergangenheit ist unabänderlich und die Zukunft nicht lebbar. Jetztzeit ist Lebenszeit. LEBEN ist ein Weg, den wir beschreiten, um unsere Ganzheit wieder zu erkennen indem wir die Gerechtigkeit im Sinne kosmischer Ordnung erfahren. Alles ist Energie!
Gleichgewicht bedeutet Harmonie und Heilung. Leben ist Dienen in allen Bereichen, in der Bereitschaft am Ausgleich mitzuwirken.

Im nächsten Entwicklungsring geht es um **VERGEBUNG**.
VERGEBUNG ist die Grundvoraussetzung für ein LEBEN ohne Schuld, die Auflösung des Schuldthemas überhaupt und die Basis für ein liebevolles Zusammenleben. Somit wird deutlich, dass VERGEBUNG ein Akt der LIEBE ist und keinesfalls eine Entscheidung aus persönlicher Gnade und schließt vor allem die Selbstvergebung mit ein. Wie bereits erwähnt, findet VERGEBUNG im Herzen statt, nicht im Kopf. Ungezwungenheit und ein liebevolles Miteinander

sind die natürliche Folge von Aussöhnung und VERGEBUNG.
VERGEGUNG ist ein LEBEN in LIEBE mit der Bewusstheit von
EINHEIT – des All-Eins-Seins, dem endlosen Fluss des gegenseitigen
Austausches. Wer urteilt – wer verurteilt – hat vergessen zu vergeben
und hält weiterhin an Selbstgerechtigkeit und Getrenntheit fest.

Ein weiterer Schritt unseres Herzens steckt in dem Thema **HINGABE**.
In manchen Menschen weckt der Begriff HINGABE eine geradezu
negative Assoziation. Sie sehen darin so etwas wie aufgeben – sich aufgeben – oder etwas aufgeben müssen oder gar verlieren – sich verlieren.
HINGABE bedeutet selbstverständlich auch niemals Hinnahme, also
alles hinnehmen müssen im Sinne von erdulden.
HINGABE heißt auch nicht, nicht mehr handeln und aktiv sein dürfen oder noch schlimmer – schicksalsergeben.
Mit HINGABE ist gemeint, sich dem Fluss des Lebens hingeben, der
immer deutlicher spürbar wird.
HINGABE bedeutet Widerstände aufgeben, die durch Angst, Ablehnung oder andere negative Beurteilung auftreten.
Je mehr man sich durch das Erkennen und Anerkennen der kosmischen Gesetzmäßigkeiten seiner Eigenverantwortlichkeit bewusst ist,
umso geringer wird der Widerstand. Weil die Zwecklosigkeit erkannt
wird, findet Wandlung von selbst statt. Im Zustand der HINGABE
fließt Herz-Energie. Das ist eine weitaus höhere Energiefrequenz, als
die Energie, die normalerweise in der Welt herrscht. Es ist eine Energieform außerhalb der Polarität. Im Herzen heben sich die Gegensätze auf, was eine andere Form des Umgangs mit sich selbst bringt
– eine friedvollere Form des Lebens.

Wobei wir schon beim nächsten Dimensionsring sind – **FRIEDEN**.
„Frieden machen" ist ein ebenso unmögliches Unterfangen, wie „Liebe machen". Mittlerweilen wissen wir, dass LIEBE ein Seinszustand
ist, der tief in unserem inneren Wesen existiert. Es ist unser göttliches Erbe. Wir können LIEBE nicht verlieren und sie kann uns
auch niemals verlassen, da sie absolut unabhängig von Personen oder

Äußerlichkeiten ist. Auch FRIEDEN lässt sich im Außen weder suchen noch herstellen, da FRIEDEN ebenso als innere Ausdruckskraft wirkt – aber erst dann, wenn diese besondere Energiefrequenz ungehindert fließen kann. Was wiederum bereits beschriebene Reinigungserscheinungen mit sich bringt. Hinter jeder unserer Handlungen steckt ein ganz bestimmtes Motiv. Und das Motiv wiederum nährt die jeweilige Energie. Wenn das Motiv also „Angst vor Krieg" ist, nähren wir die Angst, aber nicht den Frieden und all die befürchteten Erwartungen erfüllen sich zwangsläufig. Das ist nur ein Beispiel von vielen.

Wahrer innerer FRIEDEN jedoch ist ein LEBEN ohne Zwang, Angst, Hass oder Missgunst, ohne Kampf und Krieg. Ein LEBEN ohne Feinde, da Aussöhnung und Vergebung bereits stattgefunden haben und LIEBE in all ihren menschlichen Ausdrucksformen erfüllt unser LEBEN. Alles andere ist Scheinfriede, dessen unterschwellige und unterdrückte Energie für Explosionsstoff sorgt, im persönlichen ebenso, wie im kollektiven Umfeld.

FRIEDEN ist HINGABE an das LEBEN in LIEBE. Dieser fühlbare und erfüllte FRIEDEN im Herzen ist schließlich der Nährboden für den FRIEDEN in der Welt.
FRIEDEN im Herzen ist Befreiung und Einstimmung auf die Weisheit des Lichtes, das uns trägt und leitet und uns im göttlichen Sinne denken, fühlen und handeln lässt um den Himmel auf Erden zu erschaffen.

Somit ist der letzte unserer Herzens-Dimensionsringe nichts Geringeres als **FREIHEIT**. Sie ist die Brücke zu unserer wahren Identität. FREIHEIT ist ein LEBEN ohne Zwang, Manipulation und Kampf – in völliger Unabhängigkeit und Neutralität. Neutralität bedeutet eine Situation in ihrer absoluten Realität zu erkennen, ohne sich damit zu identifizieren. Unabhängigkeit bedeutet, frei zu sein von allen Konditionierungen und Hypotheken aus der Vergangenheit, durch die wir so lange gebunden waren.

Unabhängigkeit bedeutet aber auch, frei und ungebunden zu sein, was Kritik oder Lob gleichermaßen betrifft.

FREIHEIT bedeutet, sich sowohl seines Wertes bewusst zu sein, als auch seiner Handlungen und deren Folgen und der dazugehörigen Verantwortung.

FREIHEIT heißt all unsere Begrenzungen aufzugeben und unseren ureigenen Platz im göttlichen Plan zu erkennen. FREIHEIT ist LIEBE ohne Zwang, Kontrolle, Vorurteile, Bedingungen und Forderungen. FREIHEIT ist Mitgefühl und Klarheit ohne subjektive Interpretationen.

Schließlich ist es die Intelligenz des Herzens, die uns neue Möglichkeiten für eine bessere Welt finden lässt. Denn auch die mentale Aktivität unseres Verstandes ist durch ihren Reinigungsprozess gegangen und ungeahnte Chancen eröffnen sich gepaart mit Wahrnehmung und Bewusstheit.

Jeder muss zur Verwirklichung der kosmischen Harmonie seinen ganz speziellen Beitrag leisten, um seine Rolle im Universum zu erfüllen. Jedes Ungleichgewicht und jedes Unheil ist das Resultat von Unbewusstheit, wie es sich im gesamten Weltbild spiegelt. Jetzt ist die Zeit, um sich dieser Unbewusstheit anzunehmen.

Während wir sämtliche Ereignisse und Situationen unseres Lebens in Kontext bringen mit den Themen
    EINHEIT
    LIEBE
    LEBEN
    VERGEBUNG
    HINGABE
    FRIEDEN
    FREIHEIT,
    kommen wir der wahren Liebe
    immer näher.

Durch die Schwingungserhöhung der Erde nehmen auch wir erhöhte Energie auf. Aber diese Form von Energie verlangt insbesondere das Ausrichten und die Klärung unserer Gedanken und Gefühle, die unsere Realität erschaffen, die wir erleben. Diesem speziellen Thema wollen wir uns im nächsten Kapitel widmen.

*„Wer ein großes Herz hat,
wird im Glück sich nicht überheben
und im Unglück keinen
Schmerz empfinden"*

Aristoteles

Die Heilung unserer Gedanken und Gefühle

Nachdem wir uns der Abläufe in unserem Energiesystem, ihrer Wirkung auf Psyche und Körper, aber auch deren Bedeutsamkeit im Zusammenhang mit dem gesamten Kosmos bewusster geworden sind, ist es an der Zeit, uns speziell der Heilung unserer mentalen und emotionalen Strukturen zu widmen.

Um Veränderung an der Gesamtstruktur der Menschheit und positive Auswirkungen in der Welt spürbar werden zu lassen, bedarf es der Arbeit jedes einzelnen an sich selbst. Jeder einzelne muss sich seiner persönlichen Verhaltensmuster und Gefühlsmechanismen bewusst werden, seiner Tendenz zu destruktiven Gedanken und Überzeugungen, seiner gestauten Gefühle und Emotionen.

Selbstverständlich genügt es nicht, künftig eben nur noch friedvolle Gedanken oder Gefühle haben zu wollen. – Was ist mit den anderen – den tatsächlichen? Werden die etwa weiter und wieder verdrängt – weggedrückt? Erst wenn wir uns unserer negativen Strukturen und deren Spiegelung im außen bewusst sind, wenn wir sie als Teile von uns erkennen und annehmen, können wir die dadurch freiwerdende Kraft und Energie, die wir bislang zur Verdrängung oder Abwehr benötigt haben, für unsere Heilung und zu unserem Segen nutzen.

Wichtigste Voraussetzung dabei ist, dass wir auch die volle Verantwortung für unser Denken, Fühlen und all unsere Handlungen übernehmen und nicht länger anderen Menschen und äußeren Situationen die Schuld geben.

Viele Dinge in unserem Leben, vielleicht sogar die allerwichtigsten, sind oft verstandesgemäß nicht zu begreifen. Immer jedoch sind psychische Kräfte am wirken, die ihre Stärke aus dem Urgrund unserer Seele holen. Betrachtet man dann so einen Lebensabschnitt, eine Phase der Veränderung oder des Geschehenlassens und Annehmens rückblickend, mit mehr Abstand, stellt man fest, dass gerade das, was als so bedrückend, zerstörerisch und negativ empfunden wurde, genau richtig und wichtig war, für einen weiteren Schritt auf unserem persönlichen Weg und um das in uns verankerte Gesetz des energetischen Ausgleichs zu erfüllen.

Während die herkömmliche Psychotherapie auf einer mehr materialistischen Weltanschauung aufbaut, gepaart mit Sexualtheorie und anderen unvereinbaren Zusammenhängen aus der Kindheit, die dann nicht selten in monate-, oft jahrelanger Analyse ins Bewusstsein befördert werden, ist der Ausgangspunkt spirituell ausgerichteter Therapieformen immer ein ganzheitlicher. Ganzheitlich im Sinne des Zusammenwirkens von Körper, Geist und Seele und in absoluter Selbstverantwortung.

Bei der herkömmlichen Psychotherapie wird der Mensch so wieder hergestellt, dass er innerhalb der Gesellschaft „funktioniert", d.h. sein Ego wird aufgebaut und für seine Störungen werden Schuldfaktoren aus seinem persönlichen Umfeld gesucht – Partnerprobleme, schlimme Kindheit, brutaler Vater, dominante Mutter, Missbrauch etc.

Bei spirituell ausgerichteten Therapieformen jedoch führt der Weg über die Selbsterkenntnis zur allmählichen Bewusstwerdung der grundsätzlichen Zusammenhänge des Lebens generell und des eigenen speziell, sowie Bewusstheit darüber, dass Leben vor allem Lernen bedeutet.

Je mehr wir lernen, uns selbst durch unseren Körper, unseren facettenreichen Geist und unsere Seele, aus Situationen unserer Vergangenheit und den gegenwärtigen Lebensumständen, zu erkennen und anzunehmen, desto leichter fällt es uns, unsere Mitmenschen in ihrer Andersartigkeit und Besonderheit zu respektieren. Toleranz ist dann nicht länger ein dehnbarer und oft missbrauchter Begriff. Werte verändern sich und aus Werturteilen und oft vorschnellen Bewertungen werden Wertschätzung und Mitgefühl. Mitgefühl macht Feindseligkeiten und Streit überflüssig. Hass oder gar kriegerische Missionen werden nicht länger zu Konfliktlösungen herangezogen – weder in unseren persönlichen Beziehungen, noch in der ganzen Welt.

Wenn wir Bewusstheit darüber erlangen, dass unser persönliches energetisches System, unsere mentalen Strukturen – unsere Gedanken – Erfahrungen und Überzeugungen und unsere emotionalen Strukturen und Gefühle die Ursache für unser Wohlbefinden, aber auch für all unsere Störungen in Körper und Psyche sind und darüber hinaus maßgeblich für sämtliche positiven und negativen Situationen und Ereignisse in unserem Leben verantwortlich – erkennen wir früher oder später, dass ein Kampf im Außen immer ein Kampf gegen uns selbst ist.

Erst wenn wir uns selbst erkennen und herausgefunden haben „Wer bin ich?", erst wenn wir uns annehmen, so wie wir wirklich sind – ohne Masken, ohne Selbsttäuschung und Täuschung, ohne Angst vor Ablehnung, ohne Rollenspiele und sonstige Identifikationen – können wir uns unserem persönlichen Lebensplan widmen. Unsere Seele, unser wahrer Wesenskern, offenbart sich dann, wenn Körper und Geist im Einklang sind. Die Seele ist es, die unsere Individualität von einem Leben zum nächsten trägt. Sie existiert immer – unverletzbar in ihrer göttlichen Strahlkraft. Alles Weitere bleibt in den Schichten unseres Unterbewusstseins gespeichert als Erinnerungen, die unser Leben als emotionale und mentale Strukturen - als Verhaltensmuster – wesentlich bestimmen und sich im Außen, durch unseren Körper und in unserem Umfeld widerspiegeln.

Nicht Gott straft uns für unsere Missetaten, indem er uns Rabeneltern, rücksichtslose Partner, missratene Kinder oder streitbare Nachbarn, Kollegen oder Chefs schickt. Alles in unserem Leben ist aus unserer eigenen Verantwortung heraus erwachsen. Derzeitige unangenehme Auswirkungen sind lediglich eine Möglichkeit, eigene frühere lieblose Entscheidungen kennen zu lernen und den damit verbundenen Missbrauch unseres freien Willens. Oder ganz einfach die Tatsache, dass sich eine höhere Ordnung zeigt, die uns Demut lehrt und so zu unserem Wachstum beiträgt. Wobei Demut nichts mit Unterwerfung oder Unterwürfigkeit zu tun hat. Demut lehrt uns vielmehr, uns als Teil von etwas weitaus Größerem zu erkennen, dessen gesetzmäßigen Abläufen sich nichts und niemand entziehen kann. Demut lehrt uns die Akzeptanz und das Annehmen einer höheren Instanz, die voll und ganz auf Harmonie ausgerichtet ist.

Wir alle tragen ein mehr oder weniger verletztes „Inneres Kind" in uns – ein Begriff, der in den Jahren in der spirituell-psychologischen Lebensauffassung an Bedeutung gewonnen hat und mit emotionalen Verletzungen zu erklären ist. Dabei handelt es sich um schmerzvolle Erfahrungen von der Verbindung der Seele mit dem Körper an, über die Geburt und das Kindesalter hinaus, bis hin zur Pubertät in dieser Inkarnation, wie auch in anderen Inkarnationen. Unser Leben wird von diesen psychischen Wunden weitgehend beeinflusst und unser Verhalten ist geprägt von bestimmten und unbestimmten Ängsten und Erinnerungen, die sich dann in unterschiedlichster Weise präsentieren. Vor allem in Abhängigkeit gegenüber anderen, sei es nun in Bezug auf Liebe, Zuneigung, Aufmerksamkeit, Lob oder Anerkennung. Da die Erwartungen überwiegend dahingehend ausgerichtet sind, dass eigene Bedürfnisse und Forderungen von anderen zu erfüllen sind, verlaufen Beziehungen immer wieder enttäuschend. Aber auch Selbstzweifel, wenig Selbstbewusstsein und Selbstvertrauen sowie ein geringes Selbstwertgefühl lassen auf ein Defizit im eigenen Inneren schließen. Doch wem auch immer wir die Schuld für diese Gegebenheiten zusprechen – unseren Eltern, Partnern oder anderen Bezugspersonen, dem Milieu in das wir hineingeboren wurden oder unserer Umwelt generell – fest steht, dass es sich um einen Wesensanteil von uns selbst handelt. Dadurch tragen wir die Resonanz für weitere Verletzungen gegen unsere Persönlichkeit in uns und werden so lange mit dieser Energie konfrontiert, bis wir das erkannt haben und in der Lage sind, unsere Verhaltensweisen zu korrigieren und einer individuellen und harmonischen Dynamik Gelegenheit geben, um unser wahres Wesen zu erfahren.

Jeder der auf seinem Weg zu mehr Bewusstheit und Echtheit vorankommen möchte, muss sich der Heilung seines Inneren Kindes annehmen. Eine Aufgabenstellung, die bestimmt nicht leicht ist und die vor allem Ehrlichkeit, Selbstdisziplin und Mut erfordert – Mut zur Selbsterkenntnis, statt Selbstgerechtigkeit. Die Umwelt dient uns dabei maßgeblich als Spiegel, in dem wir doch immer nur uns selbst sehen.

Resonanz bedeutet aber auch, dass wir in unserem Umfeld gerade das vorfinden, was wir in den Schatten, ins Unbewusste, verdrängt haben. Doch auch unsere dunklen und weniger schönen Charaktereigenschaften gehören zu uns und müssen akzeptiert und angenommen werden. Damit sind unsere Schwächen gemeint, all die Dinge, die nicht zu einem gehören dürfen, weil sie uns nicht gefallen, weil sie schlecht sind, weil wir uns ihrer schämen, worum wir andere beneiden und was uns an anderen stört. All das sind Persönlichkeitsanteile von uns, Eigenschaften die wir in uns tragen, aber nicht zeigen wollen oder können, Eigenschaften die ungelebt ins Unterbewusstsein verdrängt wurden. Von dort werden sie auf andere Menschen projiziert, die sie uns dann in vollem Maße vorleben. Ein Muster, das sich vor allem auch in Partnerschaften zeigt und das sich dann bei genauerer Betrachtung bereits aus vorangegangenen Familienkonstellationen – Beziehung zum Vater, zur Mutter, Beziehung zwischen den Eltern etc. – wiederholt, nicht selten auf die eigenen Kinder übertragen wird und dann auch noch ins Berufsleben übergreift, was sich beispielsweise in einem vaterähnlichen Chef zeigt.

Dabei sollten wir eines nicht vergessen. Jeder Mensch, der in unserem Leben eine Rolle spielt, spielt auch immer eine Rolle für unsere persönliche Weiterentwicklung. Jeder menschliche Kontakt und die sich daraus ergebende Situation ist demzufolge wichtig, um etwaige Projektionen zu erkennen und gegebenenfalls zurückzunehmen. Das soll keineswegs heißen, dass wir nun das, was wir ohnehin als unangenehm am eigenen Leib erfahren, anfangen unsererseits auszuleben. Dies wäre im Grunde genommen nichts anderes, als Rache nehmen oder mit gleicher Münze zurückzahlen.

Vielmehr geht es darum, diesen störenden Charakterzug des anderen, als eigenen Persönlichkeitsanteil bewusst anzuerkennen und sich deutlich zu machen, dass die Projektion im Außen uns letztendlich die Wahrnehmung überhaupt verschafft. Ginge es nicht um diese bewusste Wahrnehmung, wäre es nie zu dieser Situation gekommen – ja wir wären nicht einmal in der Lage einen derartigen Vorfall wahrzunehmen. Nur die eigene Resonanz erzeugt den Kontakt und die Projektion wiederum schafft die Wahrnehmung.

Wenn wir bereit sind, dies als Tatsache anzunehmen, werden wir mit der Zeit immer seltener auf alte Schutzmechanismen und Schuldzuweisungen zurückgreifen, da jedes unangenehme Ereignis im Außen, immer auf eigene innere Konflikte hinweist und nur durch Annahme und Änderung im eigenen Energieprogramm zu lösen und abzustellen ist.

Leid und schmerzvolle Erfahrungen sind immer ein Zeichen dafür, dass etwas gelernt und erkannt werden soll. Erst wenn ein gewisser Bewusstseinsprozess stattgefunden hat, kann das Pendel oder die Waagschale wieder in die andere Richtung schwingen. Werden Probleme verdeckt oder verdrängt, treten sie nach einer Zeit erneut und oft in verstärktem Maße wieder in unser Leben. Nicht weiteres Verdrängen und die Suche nach Schuldigen befreit uns letztendlich vor Wiederholungen immer gleicher unangenehmer Ereignisse, die ohnehin nur solche Erfahrungen schaffen, die uns das Leben versauern, sondern die Erkenntnis unserer Selbstbeteiligung.

Die Heilung unserer Gedanken und Gefühle, die Heilung unseres Inneren Kindes und das Aufdecken unserer Schatten, die Heilung von starren geistigen Mustern und Begrenzungen ist ein Transformationsprozess, den uns niemand abnehmen kann. Doch nur so befreien wir uns von unserer tiefsitzenden Angst vor weiteren Verletzungen.

Wohlbefinden, Glück und Heilung sind unser Geburtsrecht. Die Sehnsucht danach ist unser inneres Licht auf der Suche nach unserem wahren Wesenskern. – Ihn zu entfalten und zu erfüllen, das haben wir uns vorgenommen.

Mit Liebe und Mitgefühl können wir uns gegenseitig helfen, uns diesen Aufgaben zu stellen, um das wahre Wesen unserer Seele freizulegen und zu leben. Dabei ist jeder Mensch und jede noch so schmerzvolle Erfahrung ein Mittler auf dem Weg zu uns selbst. – Ein Erfüllungshelfer im wahrsten Sinne des Wortes.

Je mehr wir uns von dem Ballast unserer prägenden Konditionierungen befreien, je freier können wir uns dann dem natürlichen Fluss unseres Lebens hingeben und umso klarer und deutlicher kann sich Liebe und Verbundenheit mit unseren Mitmenschen und der gesamten Schöpfung einstellen.

Die sich derzeit stetig verändernde und sich erhöhende Schwingungsfrequenz unserer Erde trägt, wie bereits im vorangegangenen Kapitel erwähnt, optimal dazu bei, alte Muster zum Vorschein zu bringen und auch loszulassen. Die reinigende Energie, mit ihren oft als unangenehm empfundenen Begleiterscheinungen, sollte uns nicht ängstigen, sondern vielmehr die Gelegenheiten dankbar annehmen lassen, ohne weitere Widerstände aufzubauen.

Wenn wir uns so um die Heilung unserer Gedanken und Gefühle bemühen, leisten wir einen persönlichen und positiven Beitrag für den Weltfrieden. – Frieden in der Welt beginnt in unserem eigenen Herzen und ist die Basis für ein Leben in Liebe.

> *Wer andere erkennt,*
> *ist gelehrt.*
> *Wer sich selbst erkennt,*
> *ist weise.*
>
> LaoTse

Partnerschaft
ewiger Kampf oder heilende Beziehung

In einem Buch über die Liebe darf natürlich das Thema Partnerschaft und Beziehung nicht fehlen. Gerade im Hinblick auf zwischenmenschliche Beziehungen und Paarprobleme wird das Wort „Liebe" wohl am meisten strapaziert.

Auch was die Heilung unserer Gedanken und Gefühle angeht, die im vorangegangenen Kapitel so dringlich gemacht wurde, bieten sich doch gerade unsere Partnerschaften als Übungsfeld „par excellence" an, in Bezug auf Resonanz und Spiegelfunktion gleichermaßen.

Um jedoch keines der wichtigen Details zu vergessen, sollten wir Partnerschaft zunächst einmal aus spiritueller Sicht betrachten.

In allen Erscheinungsformen des Lebens und in der gesamten Natur spiegeln sich zwei grundlegende Prinzipien des Universums wider – das männliche und das weibliche Prinzip.

Dabei handelt es sich um Polaritäten eines einzigen Urprinzips – nämlich der Einheit des Himmlischen Vaters und der Göttlichen Mutter. Zwischen diesen positiv und negativ geladenen Polen wird eine Spannung erzeugt, die Schöpferkraft und Schaffenskraft gleichermaßen in sich trägt. Die gegenseitige Anziehung dieser Gegensätze – männlich / weiblich – aktiv / passiv – erzeugen Impulse, lassen Dinge geschehen und geben allem Leben Form und Gestalt.

Wie es in der Bibel heißt, ist der Mensch nach dem Bilde Gottes geschaffen und trägt somit auch beide Anteile in sich – den männlichen und den weiblichen. Dabei zeigt sich ein Aspekt in seiner äußeren Geschlechtlichkeit und der andere ist in seinem Inneren verborgen. Menschliche Wesen waren ursprünglich androgyn (und sind es in anderen Teilen des Universums auch noch), vereinten also männliche und weibliche Merkmale und Eigenschaften in sich. Im Laufe der Zeit teilte sich diese Einheit in die beiden Geschlechter und beide Hälften gingen ihren Weg getrennt weiter. Im Geiste jedoch trägt jeder Mensch weiterhin die Einheit oder Ganzheit in sich. So repräsentiert der Mann für die Frau und die Frau für den Mann das andere Prinzip im Äußeren.

Erkennen wir allerdings, dass unsere Lebensaufgabe darin besteht, diese Ganzheit wieder zu erlangen, dann dürften wohl keinerlei Zweifel bestehen, dass durch die Auseinandersetzung mit dem anderen Geschlecht wichtige Schritte in Bezug auf Wachstum und Entfaltung verbunden sind.

Nirgendwo werden wir uns unserer bewussten oder verdrängten Persönlichkeitsanteile mehr bewusst, als in unseren Partnerschaften. Trägt zunächst doch jeder Mensch die Sehnsucht nach einer harmonischen Ergänzung in sich. Doch weder Abhängigkeit, kindliches Verhalten, übertriebene Anpassung noch als Stärke getarnte Resignation oder Frustration verhelfen uns zu Ganzheit, sondern einzig und allein der Wunsch und der Wille voneinander zu lernen. Dabei sollte weder eine zu enge Bindung, noch eine zu weite Distanz bestehen, da Wachstum und Entwicklung auch immer einer gewissen Reibung und Konfrontation bedürfen. Die Lebendigkeit einer Beziehung hat jedoch ganz

gewiss nichts mit Dominanzbestreben und Machtkämpfen zu tun, sondern liegt viel eher in einem gut verteilten Kräfteverhältnis. Insofern kommen hierbei nicht selten gleich mehrere hermetische Prinzipien zum Tragen – Polarität, Resonanz, Rhythmus, Schwingung und Affinität.
Unsere Beziehungen und unsere eigene Beziehungsfähigkeit zeigen uns Lebensumstände, in denen wir wohl am meisten über uns selbst erfahren und lernen können.

Somit geben unsere Partnerschaften nicht nur Auskunft über unsere eigene Beziehungsfähigkeit generell, sondern führen letztlich auch zur vollständigen Bewusstwerdung unseres eigenen, nicht gelebten oder verdrängten gegengeschlechtlichen Seelenanteils – Anima oder Animus. Die innere Frau / der innere Mann – wie C. G. Jung, ein oft zitierter schweizer Analytiker – dies nennt. Jung hat einen Großteil seiner Arbeit der Erforschung des kollektiven Unbewussten gewidmet, den Urbildern der menschlichen Seele – den so genannten Archetypen.
Während wir das Innere Kind und unsere Schatten dem persönlichen Unbewussten zuordnen, da es sich dabei um vergessene oder verdrängte Erlebnisse oder Ereignisse handelt, die mit unserer persönlichen Lebensgeschichte in Zusammenhang stehen, gibt es weitere psychische Strukturen, die nicht aus den individuellen Lebensumständen zu erkennen sind und trotzdem wirken. Dies ist der Bereich des kollektiven Unbewussten.

Im kollektiven Unbewussten sind all die Erfahrungen seit Beginn der Entwicklungsgeschichte der gesamten Menschheit gespeichert – und zwar in Form von Bildern, den Archetypen. Sie sind die Basis für das menschliche Bewusstsein.

Wenngleich auch das kollektive Unbewusste für alle Menschen gleichermaßen zutrifft, so ist doch die Arbeit mit den Archetypen wiederum so individuell, dass allgemein gültige Reglements nicht möglich sind. Einige dieser Urbilder jedoch sind für den menschlichen Entwicklungsweg von gleichbedeutender Wirkung. Dies sind der Archetypus des männlichen bzw. weiblichen Prinzips, die astrologischen Archetypen, die sich durch die Planeten und ihre Stellung im Horoskop ihrer Zuordnung zu den Sternzeichen und Häusern und den Elemente-Energien Erde, Feuer, Wasser, Luft definieren, sowie gerade in Bezug auf Partnerschaft der Archetyp der Anima und des Animus, des jeweils gegengeschlechtlichen Aspekts von Mann und Frau. Insofern ist unser Partner, unsere Partnerin, auch immer eine Projektion unseres eigenen entwickelten oder nicht entwickelten inneren männlichen oder weiblichen Gegenpols. Probleme mit Männern bzw. Frauen lassen immer darauf schließen, dass die Beziehung zum inneren Gegenpol nicht geklärt ist.

Wie uns die universellen Gesetze lehren, kommen wir immer so lange mit bestimmten ungelösten Urkräften in Berührung, so lange wir sie nicht in unser Bewusstsein integriert haben.

Beginnen wir also der Einfachheit halber mit einer Erscheinungsform in Partnerschaften, die verhältnismäßig leicht zu erkennen ist.

Jeder bekommt das, was er ausstrahlt

Da wir uns nun schon etwas näher mit dem Phänomen Energie und unserem Energiesystem, sowie den kosmischen Gesetzmäßigkeiten beschäftigt haben, wissen wir, dass wir das, was wir nicht mögen oder möchten ebenso ausstrahlen, wie das, was wir wollen oder uns wünschen. Somit schaffen wir die Resonanz für bestimmte Charaktereigenschaften und Handlungen, die uns dann andere Menschen wiederum präsentieren. Das heißt im Klartext, je stärker die Ablehnung, umso mehr Energie ist daran gebunden und umso sicherer erfüllt sie sich, wenn gleich wir auch der Annahme sind, doch etwas ganz anderes zu wollen – oder gar zu verdienen.

Wie wir weiter aus dem Resonanzprinzip wissen, bedeutet das, dass wir im Außen gerade das vorfinden, was wir in den Schatten, ins Unbewusste, verdrängt haben. Von dort wird es auf andere Menschen projiziert, die uns dann recht unangenehm vor Augen führen, was wir uns selbst nicht gestatten.

Gerade in Partnerschaften ist dieses Muster natürlich besonders auffällig. Untersucht man dann das Problem genauer, wiederholt es sich bereits aus vorangegangenen Familienkonstellationen – beispielsweise ähnelt das Verhalten des Partners einem Elternteil oder die Partnerschaft ähnelt der der Eltern etc. Auch wenn wir uns noch so sehr vorgenommen haben, ja nicht so zu werden oder zu sein wie „Die". Nicht selten wird das Verhaltensmuster dann den eigenen Kindern „weitervererbt". Doch wenn wir begreifen, dass wir selbst es sind, die die Ursache für die verschiedenen Konfliktsituationen darstellen und dies inhaltlich zu erfassen versuchen, werden wir mit der Zeit immer seltener zu alten Schutzmechanismen und Schuldzuweisungen greifen, weil uns nämlich bewusst ist, dass jegliche Veränderung immer nur Änderung im eigenen Energieprogramm bedeuten kann.

Aber die Enttäuschung ist einfach riesengroß, wenn wieder einmal eine Liebe zerbrochen ist oder gar gestorben, die anfangs doch so ganz anders war, als alles Dagewesene und dann doch wieder am gleichen Punkt scheitert. – „The same procedure as everytime!"

Im Grunde ist doch genau das eingetroffen, was wir versucht haben, mit aller Gewalt zu vermeiden. Dabei haben wir uns solche Mühe gegeben, es diesmal „anders" oder „besser" zu machen. Doch ändern heißt erkennen. Erkennen heißt, dass für alles, was in unserem Leben passiert, wir selbst die Ursache geschaffen haben.
Dies hat keineswegs mit „selber Schuld" zu tun, sondern es handelt sich um eine energetische Struktur auf mentaler oder emotionaler Ebene, die unausgeglichen ist.

So lange jedoch alles einigermaßen gut läuft, so lange wir einen Zustand als erträglich erleben, haben wir keinen Grund, etwas erkennen zu müssen oder ändern zu wollen.

Veränderungen treten meist erst dann ein, wenn wir dazu gezwungen werden. Erst wenn es zu Konflikten kommt, dann wird es ungemütlich. Und kommt es zu Dauerkonflikten, zu massivem Streit, zu Schuldzuweisungen, zu Machtkämpfen oder zu Trennung, dann wachen wir auf.

„Du bist schuld!" – Er, das Muttersöhnchen, der Streithansel. – Sie, die Xanthippe, genau wie ihre Mutter oder die mit dem Vaterkomplex. Eltern sind übrigens äußerst beliebt, wenn es um das weitere Abwälzen von Schuld geht.

Bis heute sind die meisten klassischen Psychotherapien noch immer die reinsten Eltern-Beschuldigungs-Sitzungen.

Doch irgendwann wacht jeder auf und begreift. Wir haben uns unsere Eltern schließlich selbst ausgesucht. Wir sind ihnen nicht einfach so in den Schoß gefallen. Wir hätten sie nicht, wenn sie nicht genau passend wären – unserer eigenen Struktur entsprechend.

Und unser Partner? – Er passt ebenso in unser Muster. Denn es sind alte Muster, die da ablaufen. Strukturen, die uns immer wieder in die gleiche oder ähnliche Situation bringen. Nur wir selbst sind es, die daran etwas ändern können. Nur wir sind es, die diese Muster erkennen und auflösen – erlösen – können. Jedoch erst dann, wenn beide Partner offen dafür sind, die Fehler nicht im anderen, sondern die Unausgewogenheit in sich selbst zu finden, kann Raum für Wachstum und Entwicklung entstehen. Keiner ist dann länger an die Stärken oder Schwächen des anderen gebunden, weil er sich seiner eigenen Stärken und Schwächen bewusst ist und den Partner nicht mehr als Projektionsfläche braucht. Dann können wir uns dem zuwenden, worauf es wirklich ankommt, voneinander zu lernen, zu partizipieren und miteinander in Liebe und Freiheit zu wachsen.

*Das ist Freiheit,
wo Du den anderen nicht brauchst.
Wo Liebe nicht dem Mangel entspringt,
sondern ein Überschäumen von Energie ist.*

Osho

Projektionen erkennen und zurücknehmen

Eigentlich sind Projektionen überhaupt nichts ungewöhnliches, sondern vielmehr eine ganz normale Sache. Es muss so einiges passieren, bevor wir bereit sind, nach Innen zu schauen und bei uns selbst anzufangen, um Änderungen herbeizuführen. Meistens jedoch ist es so, dass wir das, was in uns ist, erst durch äußere Geschehnisse erkennen können. Erst die Projektion im Außen verschafft die Wahrnehmung. Nur das, was wir sehen, dann als unsere persönlichen Eigenschaften oder Defizite anzuerkennen, das ist nicht immer einfach – noch dazu, wenn es sich um höchst unangenehme Erscheinungsformen handelt. Deshalb sollten wir uns noch einmal ganz deutlich machen, dass jeder Mensch, der in unserem Leben eine Rolle spielt – und dies kann man seinem Partner oder seiner Partnerin wohl kaum absprechen – unseren tatsächlichen Beziehungserfahrungen und unserer wirklichen Beziehungsfähigkeit entspricht.

Somit ist jede Beziehung und die sich daraus ergebenden Situationen wichtig, um etwaige Projektionen zu erkennen und zurückzunehmen. Was nicht bedeutet, dass das, was wir ohnehin als unangenehm am eigenen Leib erfahren, nun unsererseits ausgelebt werden muss. Es geht nicht um „Rache nehmen" oder „heimzahlen". Es geht vielmehr darum, den Charakterzug des anderen, als eigenen ungelebten oder „ungeliebten" Persönlichkeitsanteil anzuerkennen. Es geht darum, sich seine innere Unzulänglichkeit zu gestatten. Es geht darum, sich seiner Unausgewogenheit nicht länger zu schämen. Es geht darum, nichts mehr verbergen zu wollen. – Es geht darum, sich zu vergeben!

Das Annehmen und Anerkennen eines Schattenanteils ist nichts weiter, als eine tiefe Versöhnung mit sich selbst.
Eine tiefe Versöhnung mit sich selbst, zieht die Versöhnung mit all unseren Widersachern nach sich.
Es sollte daher in unser aller Interesse liegen, uns über den Weg der Selbsterkenntnis auf den Weg der Liebe zu begeben. Denn Projektionsrücknahme ist nichts anderes als Selbsterkenntnis. Integrationsarbeit ist nichts anderes, als alles zu tun, um gegenseitige Projektionsflächen abzubauen und die eigene Entwicklung, ebenso wie die des Partners, voranzutreiben, statt weiterhin Kritik am anderen zu üben und ihn umerziehen zu wollen.

Du brauchst das Licht des
anderen nicht auszulöschen
damit dein eigenes glänzt.

Chinesisches Sprichwort

Der eine hat genau das, was dem anderen fehlt

Das ist ein weiteres Phänomen in Partnerschaften. Nicht nur unsere Ausstrahlung – unsere ganz persönliche Energieschwingung – lässt uns mit dem Menschen zusammenkommen, der eben genau dafür Resonanz bietet, sondern man sucht auch noch nach dem, was einem selbst fehlt. Bei der Gelegenheit geben wir dann, nicht einmal so ganz unbewusst und auch nicht so ganz ohne Charme – vor allem aber nicht gänzlich ohne Selbstzweck – schon mal ein paar Schwächen zu. Denn darüber sind wir uns doch hoffentlich klar, das was uns fehlt, das können unmöglich unsere Stärken sein.

Unsere Stärken tragen wir eher großspurig vor uns her. Es sei denn man trägt den Hang zur Selbstverstümmelung oder Selbstverleugnung ins sich – oder man weigert sich ganz einfach erwachsen zu werden. Es sind unsere Schwächen, mit denen es uns eine zeitlang gelingen mag, zu kokettieren und die wir dann, mehr oder weniger vertrauensvoll, in die Hände des anderen legen.

„Mach Du das, Du kannst das besser als ich!" – dieser Satz ist beispielhaft in Partnerschaften und schon sind wir mittendrin im Rollenverhalten. So lange man sich einigermaßen wohlgesonnen ist, genießt man diese Ergänzung und fühlt sich glücklich und beschenkt. Doch so verzerrt das Bild am Anfang einer Beziehung durch Verliebtheit ist, so wenig stimmig ist es dann in der „Fortgeschrittenenphase". Wenn man nämlich nicht mehr bereit ist, alles für den anderen zu tun, womöglich nach Verletzungen und Enttäuschungen.

Ergänzung bedeutet eben nicht, den anderen Menschen auf ein bestimmtes Bild festzulegen, das wir uns irgendwann einmal von ihm gemacht haben und dem er eine zeitlang vielleicht sogar freudig entsprochen hat. Stattdessen geht es darum, dem anderen genauso wie uns selbst, die beste Möglichkeit zu seiner Entwicklung zu geben und ihn dabei liebevoll zu unterstützen.

Jeder sollte vielleicht einmal in einer stillen Stunde einen kleinen Test für sich selbst machen, der uns sowohl etwaige Projektionen erkennen lässt, der uns aber auch Aufschluss über die Eigenschaften gibt, die wir entwickeln sollten.

Teilen Sie einen Bogen Papier in drei Spalten auf und schreiben sie über die erste „Ideal", über die zweite „Gegenteil" und über die dritte

den Begriff „Real". In die erste Spalte kommen nun all die Eigenschaften, die Ihr Traumpartner haben soll. So wünschen Sie sich ihn: intelligent, gutaussehend, treu, liebevoll usw. Tun Sie sich keinen Zwang an, sondern schwelgen Sie im Wunschkästchen Ihrer Phantasie.
Dann schreiben Sie in die zweite Spalte einfach das Gegenteil von dem Begriff in Spalte 1 – Das Gegenteil bedeutet gleichzeitig, dass diese Eigenschaften absolut unerwünscht sind. Sie lehnen sie total ab.

In Spalte 3 tragen Sie dann die Eigenschaften ein – in Bezug auf die Spalten 1 und 2 – die der tatsächlichen Realität entsprechen. So sieht Ihre derzeitige Beziehungserfahrung aus. Ihr jetziger Partner oder Ihr letzter oder Ihre bisherigen Partner repräsentieren diese Charakterzüge.
Sie sollten dabei vor allem ehrlich sich selbst gegenüber sein. Auf keinen Fall soll es als Zensur eines anderen Menschen gelten, sondern lediglich der Selbsterkenntnis dienen.

Alle negativen Begriffe, die in Spalte 3 erscheinen, stellen demzufolge unseren Schatten dar oder unser Defizit, das uns durch unseren Partner als Projektion gezeigt wird. Das sind die Themen, die in der Partnerschaft bearbeitet werden müssen – in nunmehr selbst erkannter Weise – und nicht mehr nach dem Opfer / Täter-Prinzip. Denn wir haben gelernt, ob Opfer oder Täter, die Ursache für beide Erscheinungsformen ist die Angst – Angst vor Kontrollverlust. Beim Opfer geht es um die Kontrolle über sich selbst – beim Täter um die Kontrolle über den anderen.

Alle positiven Begriffe, die in Spalte 3 erscheinen, könnte man zunächst als harmonische Übereinstimmung ansehen – als „ideal" eben. Doch genau genommen ist auch dieser Begriff nichts weiter als ein Muster. Denn alles, was als ideal gilt, bedarf eigentlich keiner Veränderung, bringt also auch keinerlei Wachstumsmöglichkeiten. Es sei denn, unser Partner und wir sind tatsächlich so vollkommen. Das wiederum bedeutet aber, dass wir unserem Partner, der ja all unsere Ideale erfüllt, ebensolche Ideale bieten. Auf die Dauer kann das ganz schön anstrengend sein und schlimmstenfalls zu totaler psychischer Überforderung führen.

Meist sind es doch die weniger idealen Umstände, die große Entwicklungschancen bieten, auch wenn uns dies oft erst dann bewusst ist, wenn wir ein Jammertal durchschritten haben – und etwas zerzaust, aber mit neuem Mut den nächsten Berg erklimmen, der möglicherweise Gelegenheit zu noch mehr Weitblick und Übersicht verspricht.

Der Mensch kommt in die Welt,
bewohnt, verlässt sie.
Nur der mein Herz bewohnt,
verlässt es nie.

Türkisches Sprichwort

Chakrenenergie – Begegnungsebene Beziehungsenergie

Ein weiterer, nicht zu unterschätzender, aber bis jetzt wenig beachteter Aspekt bei Partnerschaften oder in der Partnerwahl, ist die jeweilige Chakrenenergie, die die Sympathie erzeugt, die dann zur Anziehung auf der entsprechenden Beziehungsebene führt.

Dabei ist selbstverständlich zu bemerken und zu berücksichtigen, dass wohl kein Paar ständig auf einer oder der gleichen Chakra-Ebene miteinander verkehrt. Normalerweise findet in Partnerschaften – selbst auf alte Verhaltensmuster und Rollenverteilung bezogen – doch eine gewisse Entwicklung statt. Doch wie konform oder konträr die Entwicklung der Beteiligten abläuft, ist individuell. Schreitet beispielsweise der eine Partner in seiner Entwicklung fort, während der andere stagniert oder entwickeln sich beide konträr, ist infolge fehlender Resonanz und oft auch fehlender Toleranz eine Aufrechterhaltung oder Fortführung der Beziehung manchmal nicht mehr möglich.

Die nachfolgende Aufstellung, die die jeweils wichtigsten oder typischen Eigenschaften aufzeigt, die dem jeweiligen Chakra in Bezug auf Partnerschaft und Beziehung inhaltlich zugeordnet werden können, möge daher zum besseren Verständnis dienen. So kann jeder selbst für sich prüfen, welche Übereinstimmungen, bezogen auf die eigene Partnerschaft, zutreffen.

Wurzel-Chakra
Übereinstimmung auf materieller Ebene
Besitzdenken
Körperliche Anziehung
Äußere Werte
Tradition
Herkunft
Sexualität (Arterhaltung)
Übernommene oder vorgegebene Werte und Meinungen
Beharren auf eigenem Standpunkt
Sportliche Aktivitäten
Körperkultur

Sakral(Sexual)-Chakra
Übereinstimmung auf kreativer Ebene
Erotik
Lebenslust
Sinnlichkeit
Anziehung durch Leidenschaft
Ausgeprägtes Sozialleben (Vereine, Gruppen, Gleichgesinnte)

Solar-Plexus-Chakra
Übereinstimmung auf emotionaler Ebene
Anziehung durch gefühlsmäßige Gleichartigkeit
Persönlichkeit zum Ausdruck bringen
Gleichberechtigung
Selbstbewusstsein

Herz-Chakra
Übereinstimmung im Denken und Fühlen
Liebe ohne Bedingungen
Selbstwert
Schaffen geistiger Freiräume
Den anderen so sein lassen können, wie er ist
Akzeptanz der Andersartigkeit
Hingabe
Ausgleich von Anima und Animus
Entwicklung von Herzensqualität
Individualität zum Ausdruck bringen

Kehl-Chakra
Übereinstimmung auf intellektueller Ebene
Kommunikation
Selbstausdruck
Idealismus
Selbstverwirklichung
Gedankenfreiheit

Stirn-Chakra
Spirituelles Verständnis aller Lebensaspekte
Lehrer und Berater spiritueller Lebensthemen
Träger alten Wissens
Verbindungsglied zwischen Wissenschaft und Spiritualität

Scheitel-Chakra
Kosmisches Einvernehmen
Erfüllung eines universellen Plans
Verschmelzung
Entwicklung von Heilkraft
Karmische Freiheit
Individuelles Streben dient einem höheren Zweck
Dualseelen-Prinzip

Wenn das Bewusstsein für Chakren und deren Schwingung nicht vorhanden ist, finden sich meist Menschen zusammen, die eine starke Resonanz in einem oder zwei Chakren haben. Diese Chakren sind dann natürlich auch entsprechend aktiv und werden noch mehr stimuliert. Das kann nach einer gewissen Zeit zu großen Spannungen führen, wenn man bedenkt, dass es sich ja nicht um einzelne Energieräder handelt, sondern um ein zusammenhängendes System. Somit ist es von nicht zu unterschätzender Wichtigkeit, dass der Energiefluß zwischen allen Chakren gepflegt wird – im Energiekörper jedes einzelnen ebenso, wie im Beziehungskörper des jeweiligen Paares.

Ergänzung ohne Abhängigkeit

Die Suche nach dem idealen Partner ist eigentlich nichts anderes, als die Suche nach der eigenen Vollkommenheit. Sind wir uns jedoch unserer eigenen Defizite bewusst, müssen wir nicht einen anderen Menschen für deren Erfüllung heranziehen.

Und sind wir uns unserer eigenen Schwächen bewusst, müssen wir sie auch nicht mehr dem Partner als alleinigem Schuldigen unterstellen. Vielmehr sollten wir dadurch ein gemeinsames Lernthema erkennen.

Solange unsere Beziehungen auf gegenseitiger Abhängigkeit basieren und der andere den fehlenden oder unausgeglichenen Part übernimmt, ist es unmöglich, dass der einzelne sich als selbständiges und ganzes Wesen fühlen kann. Nicht selten kommt dann noch die Angst hinzu, verlassen zu werden oder den Partner durch Krankheit, Unfall oder Tod zu verlieren. Was auch nicht gerade zur Entspannung beiträgt. Nur derjenige, der innerlich reich ist, fürchtet sich weder vor dem Alleinsein, noch sieht er in dem anderen denjenigen, der für die Erfüllung seiner Bedürfnisse zuständig ist.
Erst wenn wir erkennen, dass nur wir selbst es sind, die für die Auflösung unserer Verhaltensmuster und Glaubenshaltungen verantwortlich sind und dass wir es sind, die dafür sorgen müssen, unser vollständiges Potential an männlicher und weiblicher Energie zu entfalten, bekommt das Thema Partnerschaft seine eigentliche Bestimmung. – Es ist die Liebe in Freiheit! – Freiheit ist dann nicht länger ein unverstandener und oft missbrauchter Begriff, durch den so manches Paar eher überfordert als befreit ist. Es ist die Basis für gemeinsames Wachstum.

Frauen entwickeln mehr und mehr ihr Selbstwertgefühl und ihre Eigenständigkeit. Sie sind sich ihrer Kraft, ihrer inneren Stärke – ihres inneren Mannes – bewusst, ohne dadurch ihre Intuition, ihre Wärme und Fürsorglichkeit einzubüßen. – Ohne dabei das zu verlieren, was als typisch weiblich gilt.

Auch ist es so, dass eine Frau, die sich ihrer männlichen Energie bewusst ist, ihren weiblichen Wesensanteil weitaus hingebungsvoller leben kann.

Männer werden sich den Eigenschaften ihrer inneren Frau bewusster, die auch sie sinnlicher, sanfter und liebevoller sein lässt, ohne Angst Weichheit zu zeigen und ohne Angst vor Aberkennung ihrer typisch männlichen Attribute.

Ein Mann, der mit seiner inneren Frau vertraut ist, hat es nicht nötig, den starken Mann zu markieren und die Rolle des Machos zu spielen. Sein Denken, Fühlen und Handeln ist durchdrungen von seiner weiblichen Energie. Er ist authentisch und in Harmonie mit all seinen Facetten. Selbstverständlich steht es außer Zweifel, dass sich die veränderten inneren Wesenszüge auch im Außen zeigen. – Wie innen, so außen – entsprechend dem Prinzip der Affinität, aber auch der Resonanz und Polarität.

Um das andere Geschlecht – unseren Partner oder unsere Partnerin – wirklich in seiner Besonderheit zu erkennen und zu respektieren, müssen wir uns unserer inneren Gegengeschlechtlichkeit bewusst sein und diese auch entfalten. Erst wenn dieser Bewusstseinsschritt vollzogen ist, können wir den anderen so sehen, so begreifen und so sein lassen, wie er wirklich ist.

Den anderen Menschen so sein lassen, wie er wirklich ist – nicht wie wir glauben, wie er sein sollte. Wie wir glauben, zu wissen, wie er richtig wäre. Wer sind wir, um zu bestimmen oder zu beurteilen, wer oder was richtig ist? Meistens wissen wir ja immer recht genau, was an dem anderen nicht stimmt, was der andere tun müsste, oder wie er sich ändern sollte, dass wir ihn so richtig und wirklich und echt und ganz lieben könnten.

Dabei dürfen wir niemals vergessen: Unser Partner ist immer der „Richtige"! – Er ist unser absoluter Spiegel in Bezug auf unsere Beziehungsfähigkeit. Wenn uns nicht gefällt, was wir sehen, so müssen wir bei uns selbst anfangen. Das ist der einzige Ausgangspunkt für Veränderungen überhaupt. Wir selbst müssen die Veränderung anstreben und zulassen.

Wenn wir bereit sind, an uns selbst zu arbeiten und sich auf dem Weg zu Selbsterkenntnis und Liebe unser wahrer Wesenskern mehr und mehr entfaltet, wird sich auch die Wahrheit und Echtheit unserer Beziehung entfalten und zeigen können.

Die Beziehungsform im neuen Zeitalter ist auf die Ganzheit des Menschen ausgerichtet. Beide Energieformen – männlich und weiblich – sind im Gleichgewicht und ihre Ausdrucksformen reichen von tiefer Empfindsamkeit bis zu tatkräftiger und zielorientierter Handlung, ohne dabei die Rolle als Mann oder Frau verteidigen oder auch verleugnen zu müssen. Das macht die Männer weder zu „Weicheiern", noch werden Frauen zu „Mannweibern".
Das Anerkennen und Zulassen des gegensätzlichen Aspekts wirkt stattdessen erweiternd, stützend und stärkend. Jeder ist dann gleichwertiger Partner des anderen und wird auch nicht mehr in eine geschlechtsspezifische Rolle gedrängt.

Wir müssen erkennen, dass Beziehungen „in" uns sind. Die einzig wahre Beziehung ist zunächst immer die zu uns selbst. Die Bereitschaft, sich auf sich selbst einzulassen, sich seiner Gefühle, seiner Ängste, seiner eigenen Negativität und Destruktivität und seiner inneren Wahrheit zu stellen, schafft die Voraussetzung für echte Vertrautheit und Offenheit. – Und ist erst unser Herz ganz offen, erreichen wir einen Standpunkt, in dem auch belastende Ereignisse in einer Partnerschaft als Chancen für die Entwicklung unserer Liebesfähigkeit und Hingabe gesehen werden können. Im anderen sich selbst erkennen – auch das ist Liebe.
Eine Vereinigung von so starken Gegensätzen, wie dem männlichen und dem weiblichen Prinzip, kann nur durch die Kraft der Liebe erfolgen.
Suchen wir also in dem anderen Menschen nicht nach seinen Fehlern, seinen Unzulänglichkeiten und Schwächen. Es sei denn, wir suchen nach unseren eigenen! Suchen wir nach seiner wahren Schönheit – nach der Schönheit seiner Seele und der Weisheit seines Herzens.

Ganzheit bedeutet Heilung! Dies schließt die Heilung des Geschlechterkampfes und die Heilung unserer Beziehungsfähigkeit mit ein. Nur so kann die Liebe entstehen, die die göttliche Energie in uns und im anderen erkennen und sichtbar werden lässt. – Die Achtsamkeit des wahren Selbst.

Liebeslied

Wie soll ich meine Seele halten,
dass sie nicht an deine rührt?
Wie soll ich sie hinheben über dich
zu anderen Dingen?
Ach gerne möcht ich sie bei irgendwas Verlorenem
im Dunkeln unterbringen,
an einer fremden stillen Stelle, die nicht weiter schwingt,
wenn deine Tiefen schwingen.
Doch alles was uns anrührt, dich und mich
nimmt uns zusammen wie ein Bogenstrich,
der aus zwei Saiten eine Stimme zieht.
Auf welches Instrument sind wir gespannt
und welcher Geiger hat uns in der Hand?
Oh süßes Lied

Rainer Maria Rilke

Reiki – Energiemedizin – ein Weg zur Liebe

Die vorangegangenen Kapitel dürften wohl deutlich gemacht haben, wie wichtig für unser Wohlbefinden, unsere Gesundheit und unsere Heilung, aber auch für das Zusammenleben mit anderen ein gleichmäßiger und stabiler Energiefluss ist.

Deutlich dürfte ebenso geworden sein, wie wichtig es ist, uns von unseren psychischen Blockaden zu befreien, was ebenfalls durch einen höheren und aktiveren Energiefluss günstig beeinflusst wird.
Des Weiteren dürfte auch kein Zweifel mehr darüber bestehen, dass Blockaden im Energiesystem nicht nur ein Hemmnis im entsprechenden körperlichen Bereich darstellen, sondern den gesamten Energiehaushalt und den gesamten Körper behindern, was nicht nur zu Krankheitssymptomen psychischer und physischer Art führt, sondern in erheblichem Maße zur Störung unseres Lebensflusses beiträgt. Je mehr wir uns dem annehmen, umso mehr werden wir in Liebe wachsen und unsere Lebensaufgabe erfüllen.

Eine der effektivsten Möglichkeiten positiv auf unser gesamtes Energiesystem einzuwirken, ist für mich Reiki. Daher ist es mir ein besonderes Bedürfnis auf diese Methode näher einzugehen.

Bei Reiki handelt es sich um einen japanischen Begriff, da es ein Japaner war – Dr. Mikao Usui – nach dem dieses System der natürlichen

Heilung benannt ist – und der diese Methode Anfang der zwanziger Jahre des vorigen Jahrhunderts wiederentdeckte. Im Laufe der Zeit breitete sich diese Methode dann auch in den westlichen Ländern aus und fand auch bei uns immer mehr Anhänger.
Wenngleich Reiki vor allem in den letzten 25 Jahren große Verbreitung erfuhr, werden doch immer wieder Stimmen laut, die sich negativ darüber äußern. Grund dafür mag sein, dass sich mitunter recht dubiose Geschäftemacher etabliert haben, denen es mehr um das „schnelle Geld" geht, als um eine seriöse und qualitativ hochwertige Arbeitsweise, die sich für mich vor allem in einer inhaltsreichen und umfassenden Seminararbeit widerspiegelt, die das Verständnis und der Umgang mit einer energetischen Heilmethode erfordert und den Teilnehmern von Reiki-Kursen zuallererst ein fundiertes Wissen über Wirkung und Funktion von Energiearbeit vermittelt.

Leider ist Reiki mancherorts regelrecht zu einem „Schlussverkaufsartikel" verkommen, der total kommerzialisiert und dadurch entwertet wurde.

Dabei geht es vor allem darum zu erkennen, dass es hier um eine Methode geht, die sich sehr gut eignet um an sich selbst zu arbeiten, als um die allgemein verbreitete Meinung, es handle sich um eine Übertragung von Energie durch Handauflegen, wodurch man sich – vor allem aber andere – von Unpässlichkeiten aller Art befreit.

Reiki ist für mich bis heute göttliche Energie, deren Heilkraft in ihrer Reinheit liegt. Jeder wird also auch den Lehrer oder Vermittler bekommen, der seinem persönlichen energetischen Programm entspricht und die Lernerfahrung bringt, die wiederum zu seinem Wachstum beiträgt. Es liegt mir fern, in diesem Zusammenhang von guten oder schlechten Lehrern zu sprechen. Unterliegt die Auswahl und die Beurteilung doch wohl der jeweiligen subjektiven Meinung des einzelnen. Eine Prüfung, Kritik oder Bewertung kann somit immer nur anhand des eigenen Maßstabes und der eigenen Erfahrung erfolgen. Darum gilt auch hier das Prinzip: Jeder bekommt das, was er ausstrahlt bzw. anzieht.

So kann und möchte ich Reiki eben auch nur so aufzeigen, wie ich es verstehe, und hoffe, dieser Methode auf meine Art wieder den vorrangigen Platz zu geben, der ihr in dem weiten Angebot energetischer Heiltechniken gebührt.

Eines sollte dabei jedoch nicht unerwähnt bleiben: Jede energetische Methode, wie auch immer sie sich nennt, ob Reiki, Pranaheilung, Therapeutic Touch etc., ist immer nur so rein, wie sein Anwender. Anwenden, verwenden, benutzen oder auch missbrauchen, lassen sie sich auf mannigfaltigste Weise. Diese Möglichkeit besteht bei all den selbsternannten Pseudo-Experten und Möchtegern-Erben des Dr. Usui ebenso, wie bei all den Licht- und Geistheilern und der großen Anhängerschar von Laien.

In jedem von uns steckt ein Heiler – <u>sein</u> Heiler! Darauf liegt die Betonung. Hier geht es nicht um selbstgefällige Darstellung, sondern um einen Weg. Ein Weg, der über die Selbsterkenntnis zur eigenen Vervollkommnung und Heilung führen kann. Und früher oder später bei jedem führen wird, ganz unabhängig von einer angewandten Methode oder Technik, denn jede Seele strebt dem Licht zu.

Wie schon erwähnt, handelt es sich bei Reiki um die Kanalisierung und Übertragung von Energie aus dem kosmischen Energiefeld. Mehr Energie bedeutet zunächst oft mehr Wohlbefinden. Wie wir wissen, ist der Mensch nicht nur ein Körper mit seiner Persönlichkeit, sondern eben auch oder viel mehr ein geistiges Wesen. Somit kann jede Krankheit als Disharmonie im geistig-seelischen Bereich gesehen werden. Krankheitssymptome sind sozusagen Signale des Körpers. Hier materialisieren sich Dinge, die auf oft lange verdrängte Ursachen im geistig-seelischen Bereich hinweisen. Ein gleichmäßigerer und höherer Energiefluss kann helfen diese Blockaden zu lösen, baut psychischen Druck ab und kann das Auftreten von Krankheitsbildern vermindern. Noch hervorzuheben ist die mögliche Anregung der Selbstheilungskräfte. Bei vermehrter Energiezufuhr arbeitet das Immunsystem möglicherweise weitaus besser, was die Anfälligkeit für Krankheiten reduzieren kann, aber auch den Heilungsverlauf unterstützen und beschleunigen kann.

Ein weitaus wichtigerer Punkt beim Erlernen und Anwenden dieser Methode ist das damit verbundene persönliche geistige Wachstum. Durch den gesteigerten Energiefluss und die allmähliche Anhebung der eigenen Energiefrequenz erschließt sich ein Weg zu mehr Selbsterkenntnis und ein Bewusstseinsprozess, der die Tendenz zur natürlichen und harmonischen Entwicklung eines jeden Menschen fördern kann. Die ganzheitliche Entfaltung ist der Weg zu seelischer, geistiger und körperlicher Gesundheit.

Mit jedem Bewusstwerdungsschritt ist auch das Erkennen einer spirituellen Lehre verbunden. Die Erkenntnis nämlich, dass wir durch unser persönliches Energiesystem mit dem kosmischen oder universellen Energiesystem verbunden sind. Jeder Mensch erkennt sich in seiner Individualität auch als Teil einer großen Einheit. Hinzu kommt die Einsicht in die geistigen universellen Gesetzmäßigkeiten und eine Ordnung, die nur unter Einhaltung entsprechender Prinzipien funktionieren kann – Prinzipien, die sowohl für den Makrokosmos, als auch für den Mikrokosmos gelten.

Des Weiteren stützt sich Reiki auf eine traditionelle Überlieferung. Dieser Aspekt ist besonders hervorzuheben, da es die einzige energetische Methode ist, bei der durch Einstimmung, Einweihung oder Initiation eine Kanalisierung der Heilenergie stattfindet. So suspekt manch Außenstehender diesen Vorgang empfinden mag, so unspektakulär ist er. Gerade dadurch unterscheidet sich Reiki von anderen energetischen Methoden, wie Pranaheilung, Therapeutic Touch, Japanisches Heilströmen, Healing Light und wie sie sonst noch heißen mögen. – Methoden, bei denen Energie mehr oder weniger durch Konzentration und willentliche Steuerung des Anwenders in Kraft gesetzt wird, was immer auch mit einer möglichen negativen (unbewussten oder bewussten) Beeinflussung verbunden sein kann.

Durch die Einstimmung allein reaktiviert und aktiviert sich der natürliche Energiefluss und die damit verbundene Fähigkeit eines jeden Menschen Energie zu leiten, die aus der unerschöpflichen göttlichen Quelle kommt. Dabei erübrigt sich jeder persönliche Willenseinsatz. Die Einstimmung selbst vollzieht sich in einem traditionell überlieferten Vorgang, dessen Ursprung aus Aufzeichnungen tibetischer und zen-buddhistischer Klöster stammt und kann auch nur von eingeweihten Meistern und Lehrern vorgenommen werden. Inwieweit ein Reiki-Lehrer tatsächlich in der Lage ist Einstimmungen vorzunehmen, hängt von seinen geistig-visuellen Fähigkeiten ab.

In diesem Zusammenhang ist es mir wichtig, noch einen weiteren Irrglauben in Bezug auf Reiki aus der Welt zu schaffen. Hin und wieder ist davon die Rede, dass durch die Einstimmung Chakren geöffnet werden. Nach meinem Dafürhalten ist dies jedoch absoluter Unsinn. Wer auch immer behauptet, dies zu können oder auch zu tun, muss das für sich selbst verantworten. Inwieweit es überhaupt möglich ist, die Chakren eines anderen Menschen zu öffnen, sei dahingestellt. Ich jedenfalls habe in meiner mehrjährigen Praxis noch keinem meiner Reiki-Schüler auch nur ein Chakra geöffnet. Meine Teilnehmer tun dies selbst im Laufe ihrer eigenen Entwicklung und in ihrem ganz persönlichen Tempo, wobei das Bestreben bei einer gleichmäßigen und harmonischen Aktivierung aller Chakren liegt und keinerlei Techniken weitergegeben werden, um speziell einzelne Chakren zu aktivieren oder gar zu öffnen.

Vielmehr werden bei den Einstimmungen die Energie-Kanäle gereinigt, die als „Werkzeuge" jeder energetischen Methode von besonderer Wichtigkeit sind. Je nach Bewusstseinstand eines Menschen sind auch diese Kanäle von unterschiedlicher Beschaffenheit, so dass das Aufnehmen der Energie und Weiterleiten in unser Energiesystem und den menschlichen Organismus mehr oder weniger behindert oder eben frei fließend ist. Durch regelmäßige Selbstanwendung diese Kanäle zu pflegen, ist künftig Aufgabe des Reiki-Praktizierenden, was nicht nur reinigend und entgiftend auf den Körper wirken kann, sondern auch auf unsere feinstofflichen Bereiche – wie Emotional- und Mentalkörper – und diese von verdrängten Emotionen, verletzten Gefühlen, verhärteten Gedankenstrukturen und Glaubenshaltungen erlösen kann, indem wir sie durch Erkennen oder Einsicht auf eine höhere Bewusstseinsebene transformieren.

Selbstverständlich ist dieser gewünschte Effekt nur dann möglich, wenn die „Selbstbehandlung" eine gewisse geistige Verinnerlichung zulässt. Was alles andere als ein mechanisches Handauflegen ist. Gerade darin liegt eine Menge Illusion in der Reiki-Gemeinde.

Somit gilt für mich bereits für den ersten Reiki-Grad oder Grundkurs, die Teilnehmer mit einer umfassenden Einführung in das menschliche Energiesystem, die Chakren-Lehre, sowie den verschiedenen feinstofflichen Ebenen und ihren Inhalten vertraut zu machen. Dabei werden Zusammenhänge zwischen der körperlichen und geistigen Ebene deutlich. Die Anwendung verschiedener Handpositionen auf die einzelnen Körperbereiche und ihre ganzheitliche und nicht nur symptombezogene Wirkungsweise verleiht Einblick in den menschlichen Körper mit seinen Organen und ihren Abläufen, stellt aber auch einen tieferen Bezug zu den energetischen Abläufen im eigenen Energiefeld her – nicht zuletzt durch eine zunehmende Wahrnehmungsfähigkeit für feinstoffliche Prozesse.

Im zweiten Reiki-Grad oder dem Aufbaukurs bietet das Hinzukommen und die Anwendung verschiedener Symbole eine Vertiefung und Differenzierung der emotionalen und mentalen Ebene. Die Heilung unserer Gefühle und Gedanken, Themen wie das Innere Kind, aber auch das Erkennen und die Integration von Projektionen und Schattenthemen erfahren durch die Symboltechnik einen erleichterten Zugang und können so bearbeitet werden.

Der Umgang mit Symbolen ruft bei manchen Menschen ebenfalls Zweifel, Skepsis und nicht selten Ungläubigkeit hervor.
Doch bis heute sind Symbole der Ausdruck einer Zusammengehörigkeit bestimmter Formen und Inhalte. Sie haben die Funktion von Schlüsseln und stellen die Verbindung her zu Räumen und den darin gespeicherten Kräften. Dies allerdings sind Dimensionen, die sich allein mit Worten schwer beschreiben lassen und die jeder für sich ganz intuitiv erforschen und erfühlen muss.

Ohne wiederum bewerten zu wollen, was nun richtige oder falsche Reiki-Symbole sind, habe ich, durch intensive Symbolforschung, herausgefunden, dass die mir bekannten und von mir weitergegebenen Symbole, die am häufigsten angewendeten sind. Ihre volle Wirkkraft jedoch ergibt sich ohnehin nur durch die Visualisierungsfähigkeit des Anwenders, durch die der Kontakt zu der entsprechenden geistigen Ebene hergestellt wird.
Es ist wichtig, die Schwingung und Wirkkraft jedes einzelnen Symbols in und an sich selbst über einen längeren Zeitraum zu erspüren und die eigene Wahrheit und Kraft darin zu erkennen.
Durch die Anwendung der Symbole wird der neutralen Energie eine zusätzliche Komponente hinzugefügt, die jedes Symbol in sich trägt und die von jedem selbst erfahren werden sollte, bevor er in der Lage ist zu entscheiden, inwieweit er sie in seine Behandlungen oder Anwendungen – vor allem andere Menschen betreffend – einfließen lassen möchte. Dies gilt insbesondere für das so genannte Fernsymbol.

Wenngleich dessen Original-Bezeichnung übersetzt soviel bedeutet wie „das Licht in mir ehrt das Licht in Dir", ist doch bei vielen Reiki-Sendern der Wille weitaus stärker als das Visualisierungsvermögen. Nicht wir bestimmen wer Reiki braucht und es ist meiner Meinung nach eine Anmaßung, Energie in der Gegend herumzuschicken oder sich berufen zu fühlen „Mentalbehandlungen" bei anderen Menschen vorzunehmen. Stattdessen tut wohl jeder gut daran, sich seinen eigenen bekannten und verborgenen Blockaden und Mustern zu widmen.

Im dritten Reiki-Grad oder Meistergrad geht es darum, unserer Seele mehr und mehr die Möglichkeit zu geben, den physischen Körper mitsamt unserer Persönlichkeit zu transformieren, so dass sich der Mensch voll als Instrument für die kosmische Energie erkennt, um seinen wahren Wesenskern zu entfalten und zu erfüllen.

Da jeder der Reiki-Grade seine ganz speziellen Aufgabenbereiche beinhaltet, übersteigt der Aufgabenbereich des dritten Reiki-Grades, das bisher bekannte in dem Maße, dass durch die Verbindung mit dem Meistersymbol das Vertrauen in die Existenz einer höheren Instanz mehr und mehr wächst. Es geht hierbei nicht um das persönliche Wünschen oder Wollen, um Aktivität und Handlung, sondern um das Erkennen und Geschehenlassen. Handeln wird zum Nichthandeln, indem man sich seiner inneren Führung bewusster wird und sich ihr vertrauensvoll überlässt. Das ist durchaus nicht zu verwechseln mit „den Dingen ihren Lauf lassen". Vielmehr wird die innere Führung als Teil von sich selbst erkannt, die ein Zuwiderhandeln auch als Handeln gegen sich selbst wahrnimmt – gegen seine wahre Bestimmung.
Das Meistersymbol gilt als Universal-Schlüssel zur Lichtkraft – einer Kraft, die aus den höheren Sphären der geistigen Welt kommt und die Verbindung zur Ebene aller Ursachen schafft. Dort letztlich finden wir die Antworten auf die Fragen: Wer bin ich? – Woher komme ich? – Wohin gehe ich?

Im vierten Reiki-Grad – dem Lehrer-Grad – findet keine weitere Symbol-Einweihung statt. Hier geht es um die Vermittlung von Lehrerwissen mit der Weitergabe der Einstimmungsvorgänge in die einzelnen Grade.

Diese kurze Zusammenfassung mag genügen, um sich einen Einblick in eine Methode zu verschaffen, die als eine der effektivsten und einfachsten gilt, unser Energiesystem zu reinigen, zu klären, zu aktivieren und zu stabilisieren, was letztendlich die Voraussetzung bietet für Wohlbefinden, Aktivität, Kreativität, Gesundheit und Heilung. Davon abgesehen fördert und unterstützt Reiki die Entwicklung eines jeden Menschen und hilft, all die Potentiale zu entfalten, die zu seiner körperlichen, geistigen und seelischen Reife beitragen.

All diese Erkenntnisse spielen inzwischen auch eine nicht zu unterschätzende Rolle in der natürlichen und ganzheitlichen Heilung. In den führenden Fachblättern wird bereits von Energie-Medizin als Heilkunst der Zukunft gesprochen.
Hierzu zählen all die Methoden, bei denen natürliche Energiefelder verwendet werden, um Krankheiten nicht nur symptomatisch zu behandeln, sondern ursächlich und ganzheitlich – mit Blick auf Körper, Geist und Seele.
Dazu gehören Reiki ebenso, wie Pranaheilung, Reichsche Orgonmedizin, Homöopathie, Bachblüten-Therapie und Traditionelle Chinesische Medizin, um nur einige zu nennen.

Leider aber ist es bis heute noch immer so, dass nur wenige Therapeuten und Ärzte dem gedanklichen Ansatz energetischer oder feinstofflicher Abläufe Beachtung schenken, geschweige denn den Einsatz entsprechender Methoden befürworten oder vorantreiben.

Doch all die Menschen, die in pflegerischen / medizinischen Berufen tätig sind – selbst ein Arzt – die in der Lage sind, den Energiefluss eines Patienten zu spüren und die Energie des kosmischen Energiefeldes zu kanalisieren, könnten dies in all ihre Untersuchungen, Behandlungen und Beratungen einfließen lassen. Was nicht nur zu mehr Einfühlsamkeit und Menschlichkeit beitragen würde, sondern auch zu einem bewussteren Umgang mit all den Mitteln und Methoden, die Krankheiten ausmerzen oder im Keim ersticken wollen, ohne dabei zu berücksichtigen, dass sie sich über kurz oder lang wieder einen Weg – oder besser Aufmerksamkeit – verschaffen werden.

Die Ursache jeder Krankheit ist eine Disharmonie auf geistig-seelischer Ebene. Das Auftreten oder Ausbrechen eines Symptoms hat zur Folge, dass ein weiteres Nichtbeachten nicht mehr möglich ist. Spätestens jetzt sollten wir unsere geistige Haltung hinterfragen und uns unserer Heilung, sowie den dazugehörigen geistigen Inhalten, widmen.

Eine Krankheit ist keineswegs als Strafe anzusehen, sondern eher als Lernaufgabe und Erkenntnisprozess. Durch den Ausbruch der Krankheit besteht die Möglichkeit, uns entweder dieser Aufgabe zu widmen, oder sie durch chemische Keulen wieder und weiter zu verdrängen. Auch der Tod ist eine Möglichkeit der Auseinandersetzung und der Transformation, denn wenn es zu keiner Änderung im Bewusstsein kommt, wird das Thema zu einem späteren Zeitpunkt (zum Beispiel im nächsten Leben) erneut unsere Aufmerksamkeit fordern.

Krankheit ist einzig und allein ein Korrektiv.
Sie ist weder eine Strafe, noch grausam.
Aber sie ist das Mittel,
das unsere Seele verwendet,
um uns auf Fehler hinzuweisen und um zu verhindern,
dass wir noch größere Irrtümer begehen…
…. und um uns zurück auf den Weg
der Wahrheit und des Lichts zu führen,
von dem wir niemals hätten abkommen sollen.

Dr. Edward Bach

Es waren Menschen, wie Dr. Edward Bach, Dr. Franz-Anton Messmer, Dr. Samuel Hahnemann und Dr. Mikao Usui die dazu beigetragen haben, die Heilung mit Energie in das wissenschaftliche Zeitalter zu tragen.
Physiker, wie Albert Einstein, Max Planck, Nikola Tesla und David Bohm – um auch hier nur einige zu nennen – haben das ihre getan, um Energie als messbare Wirkkraft anzuerkennen. Und ist nicht auch das Beweis genug, dass in unserer Zeit immer mehr und immer bessere Apparate und Geräte entwickelt werden, um das Phänomen „Energie" messbar und sichtbar zu machen?

Genau genommen nämlich ist die Heilkunst der Zukunft die älteste und natürlichste Heilmethode der Welt und bei aller Technisierung und bei allem Fortschritt, dürfte ein ganz besonderer Aspekt des neuen Zeitalters darin liegen, sich der alten Werte und des alten Wissens zu erinnern. Denn wirkliche Heilung kann immer nur ganzheitlich und ursächlich erfolgen – das heißt auf energetischer Ebene. In Verbindung mit Technologien der Quantenheilung besteht das Potential für einen Grad an Unversehrtheit, der uns jetzt vielleicht noch wie Science Fiction erscheinen mag, der aber mit der Entfaltung des Goldenen Zeitalters in greifbare Nähe rückt.

Selbstverständlich erhebt eine energetische Heilmethode wie Reiki niemals den Anspruch, fachkundige ärztliche Diagnose und Behandlung zu ersetzen. Es steht jedoch außer Zweifel, dass es die körpereigenen Selbstheilungskräfte aktivieren, den Heilungsverlauf fördern und medizinische Behandlung ergänzen und unterstützen kann.

Insofern eignet sich Reiki vor allem zum Selbsterlernen. Denn wie bereits erwähnt, ist es ein Weg, um an sich selbst zu arbeiten. Denn bevor wir uns der Heilung anderer zuwenden, sollten wir uns selbst heilen.

Etwas möchte ich jedoch noch ganz besonders hervorheben. Etwas, das Reiki auszeichnet und aus dem Rahmen aller anderen energetischen Heilmethoden heraushebt. – Jeder Mensch, der mit dieser Methode arbeitet stellt einen Kanal oder ein Instrument für die kosmische oder universelle Energie dar. Die Energieaufnahme erfolgt über unser Scheitelchakra am höchsten Punkt unseres Kopfes. Bevor jedoch die Energie über unsere Arme gelangt und durch die Hände austritt, passiert sie unser Herzchakra. Dabei wird speziell dieses Chakra aktiviert und kann sich mit der Zeit ganz öffnen. Ein voll entfaltetes Herzchakra stellt die Verbindung her zwischen den drei unteren Chakren und den drei oberen. Wirkliche Spiritualität und Weiterentwicklung ist nur über ein geöffnetes Herzchakra möglich.

Ein entfaltetes Herzchakra ist aber auch gleichbedeutend mit einem offenen Herzen. Ein offenes Herz bedeutet mehr Liebesfähigkeit, mehr Herzensgüte, mehr Herzensqualität. Somit ist Reiki – kurz gesagt – der Weg zu unserem Herzen, oder der Weg zur Liebe. Jeder der diese Methode in diesem Bewusstsein ausübt, verströmt diese Liebe und trägt sie an die Menschen weiter, die offen dafür sind. Auch ohne sie zu „behandeln".

Liebe hat zunächst immer etwas mit Selbstliebe zu tun. Liebe deinen Nächsten wie dich selbst! So steht es in der Bibel. Nur wer sich selbst liebt kann auch andere lieben. Nur wer sich selbst kennt und annimmt, mit all seinen Schwächen und Stärken, kann auch andere so sein lassen, wie sie sind. Jeder der mit dem Finger immer auf andere zeigt, der immer gleich die Fehler findet, die andere machen, hat vergessen, an sich selbst zu arbeiten.

Somit ist ein weiterer Aspekt für uns Menschen des neuen Zeitalters, unser Verständnis für die Zusammenhänge im Großen-Ganzen, wie im eigenen Leben, zu fördern und mehr und mehr ein Bewusstsein zu entwickeln, das geprägt ist von Selbstverantwortung, Selbsterkenntnis, Mitgefühl und allumfassender Liebe.
Eine Methode wie Reiki ist dabei eine wunderbare Unterstützung für frei fließende Energie und die Aktivierung unserer Energiezentren und ihrer vollen Transformationskraft.

Abschließend ist noch zu bemerken, dass das enorm angestiegene energetische Niveau auf der Erde, das auch weiterhin rasant zunehmen wird, im Laufe der Zeit jedem Menschen den Einstieg in energetische Heilmethoden erleichtern kann und uns über kurz oder lang, auch ohne Einstimmungen und Initiationsrituale an das Kanalisieren kosmischer Energie heranführen kann. Je bereitwilliger wir uns der Arbeit an uns selbst widmen umso mehr öffnen wir uns dieser großen Wachstumsmöglichkeit.

Die beste Arznei für den
Menschen ist der Mensch.
Der höchste Grad von Arznei
ist die Liebe.

Paracelsus

Yoga – Körperübungen – Energieübungen

Die hier vorgestellten Körper-Energie-Übungen gehören seit vielen Jahren zu meiner täglichen Praxis. Das besondere daran ist, sie lenken die aktivierte Energie ins Herzzentrum und stimulieren dieses auf sanfte Weise. Dies ist der Dreh- und Angelpunkt für mein spezielles „Herzprogramm".

Die vier Hatha-Yoga-Übungen sind als Ergänzung bekannter Trainings-Programme (5 Tibeter, Sonnengebet, Tibet-Training etc.) gedacht, welche in ihrer wohltuend unterstützenden, aber auch in ihrer energetisch ausgleichenden Wirkung von Bedeutsamkeit sind.

Die damit verbundene geistige Haltung der Stille und inneren Einkehr trägt optimal zur Zentrierung im Herzen bei. Zusätzlich unterstützen die Übungen, sich auf die höhere Frequenz einzustellen, die Liebe in allen Bereichen des Lebens zulässt und deren Motor das Herz ist. Das Herz, das nun nicht mehr geschwächt wird von Ängsten, destruktiven Gedanken und Glaubenssätzen, von verletzten Gefühlen und stauenden Emotionen, sondern sich mehr und mehr auf die Führung der Seele ausrichtet.

Die Übungen können aber auch, ohne ein anderes Trainings-Programm, ganz eigenständig und separat praktiziert werden.

Darüber hinaus stellen sie eine Art Harmonisierung dar in Bezug auf die bessere Verträglichkeit eines energetischen Körperübungsprogramms einerseits und den Zusammenschluss der unteren und oberen Chakren andererseits.

Durch die sanfte Aktivierung des Herzchakras wird Energiestaus entgegengewirkt – sei es von oben, vom Scheitelchakra aufgenommene Energie, wie dies durch eine Methode wie Reiki geschieht, die dann hinunter bis zum Transformationspunkt des Wurzelchakras fließt, um sich von dort wieder nach oben zu bewegen. Oder sei es Energie, die infolge psychischer Blockaden über die unteren drei Chakren nur schwer hinauskommt.
Durch das sich allmählich entfaltende Herzchakra transformieren wir die Gefühle und unseren Willen aus dem Bauch auf eine höhere Ebene. Die daraus resultierende Perspektive mildert Egodominanz und lässt dafür Liebe, Souveränität und echte Toleranz entstehen.

Wir lernen uns selbst lieben und annehmen und diese Akzeptanz wiederum öffnet uns für andere Menschen, die Tiere, die Natur und die Göttlichkeit, die in allem und jedem wohnt. Motiviert durch diese höheren Werte werden wir in die Lage versetzt zu dienen – ohne dies als unterwürfige und unbefriedigende Rolle anzusehen und zu empfinden.

Die Wirkung jeglicher Energieprogramme ist nicht immer ganz unproblematisch – was für jede energetische Methode gleichermaßen gilt – ob Yoga, Meditation, Reiki etc. Wir müssen dabei bedenken, dass ein aktiver Energiefluss auch immer einen reinigenden Effekt hat. Dabei wird unsere Absicht unterstützt uns spirituell zu entwickeln, ein bewusster Mensch zu werden und unserer eigentlichen Seelenschwingung näher zu kommen.

Gleichzeitig legen wir aber auch die charakteristischen Schwächen oder Mängel frei, die wir bis jetzt erfolgreich zu verbergen versuchten, die wir jedoch bearbeiten und erlösen wollen. Zeitweise kann dabei durchaus der Eindruck entstehen, dass es uns jetzt schlechter als vorher geht.

Doch jeder, der sich auf dem Weg zur Selbsterkenntnis befindet, weiß, dass Bewusstwerdungsprozesse letztlich zur Befreiung beitragen und es kann absolut hilfreich sein, sich vor Augen zu führen, dass wir doch immer nur die Auswirkungen unseres eigenen energetischen Programms zu spüren bekommen und eben nur wieder ein unausgewogenes Energiemuster zum Vorschein kommt.

Um die Energien schließlich zu transformieren, ist es wichtig, unsere ganz persönlichen Motive, unsere ehrlichen Absichten, unser Wünschen und Wollen, unsere Handlungen und Ziele genauestens zu erforschen und zu überprüfen. Möglicherweise werden wir mit Menschen oder Situationen konfrontiert (wir wissen ja inzwischen, dass die Projektion die Wahrnehmung schafft), die einer Begebenheit ähnlich ist, die in der Vergangenheit bereits eine Rolle gespielt hat und von uns eine gewisse Handlungsweise erforderte. In der Wiederholung erkennen wir, dass der Kern der Angelegenheit nicht gelöst wurde (oder nur teilweise), wir einen (faulen) Kompromiss geschlossen oder uns gänzlich einer Entscheidung entzogen haben. Jetzt ist die Gelegenheit alles erneut zu betrachten und zu klären. Jetzt ist vielleicht auch die Gelegenheit, um Gnade, um Vergebung oder Eingebung zu bitten, wie wir mit dieser Angelegenheit umgehen sollen. Vielleicht kommen wir nun erstmals mit unserer inneren Stimme in Kontakt – der Stimme unseres Herzens.

Nur so können die Energien der Vergangenheit umgewandelt werden, um aus der Gegenwart schließlich unsere Zukunft zu gestalten – eine Zukunft ohne alten Ballast und „Gefühlsmüll".

Je mehr wir uns von diesen überlebten Mustern befreien, umso „leichter" werden wir und umso höher können wir uns aufschwingen und Bewusstheit erlangen.

Wir wissen, jede energetische Unausgewogenheit muss ausgeglichen werden und für alles was uns widerfährt, sind wir selbst verantwortlich. Alles hat einen tieferen Sinn und dient ausschließlich unserem Wohl und unserer Heilung. Auch wenn uns das oft schwer fällt zu begreifen und anzunehmen.

Bei den folgenden Hatha-Yoga-Übungen geht es nicht etwa um ein Fitness-Programm oder den gymnastischen Effekt. Keine der Übungen zeigt eine große Aktion. Es sind vielmehr Positionen, deren Wirkkraft in der Stille und Achtsamkeit liegt, welche uns für die Wahrnehmung innerer Abläufe sensibilisiert. Es sind aber auch Übungen, die durchaus holistisch-therapeutische Inhalte haben und damit polare Energieströme (Ha = Sonne / Tha = Mond) harmonisiert werden können.

Sie dienen ebenso der Reinigung unserer Energiekanäle und fördern sowohl die Durchblutung, als auch die Entschlackung auf energetischer Ebene.

Sie sind ein wirksames Mittel, um die Energie ins Herzzentrum zu lenken, dieses zu aktivieren und schließlich zur vollen Entfaltung zu bringen. Dies gilt für das Herzchakra ebenso, wie für das physische Herz.

In Bezug auf das Herzchakra fördern wir dadurch unsere weitere spirituelle Entwicklung. Ohne Entfaltung des Herz-Chakras lassen sich die drei oberen Chakren nicht dauerhaft in unser Energiesystem integrieren.

In Bezug auf unser physisches Herz bedeutet dies mehr Herzensqualität und Liebesfähigkeit. Schließlich ist das Herz der zentrale Punkt der Liebe.

Es geht also um Zentriertheit und die direkte Verbindung zu unserem Herzen. Wir ruhen in unserer Mitte und unser Denken, Fühlen und Handeln ist im Einklang mit dem kosmischen Plan unserer Seele.

Die Wirksamkeit solcher Übungen ist unumstritten, was zunehmendes körperliches Wohlbefinden betrifft, die Harmonisierung psychischer und physischer Blockaden, Staus und Verspannungen und zur Anregung des Energieflusses generell.

Was die Durchführung der Übungen angeht, so ist selbstverständlich eine gewisse Regelmäßigkeit erforderlich um eine dauerhafte und anhaltende Wirkung zu erzielen. In einer gewissen Kontinuität durchgeführt, fördern sie durchaus auch die körperliche Elastizität und bessere Proportionen der Figur.

Infolge des gesteigerten Energieflusses wirken sie aber auch Alterserscheinungen – innerlich wie äußerlich – entgegen. Nicht zu unterschätzen ist auch die verbesserte Leistungsfähigkeit, Ausdauer und Widerstandskraft auf körperlicher und geistiger Ebene. Die mit dem Herzzentrum verbundene Thymusdrüse stärkt zudem unser Immunsystem und lässt uns weniger anfällig sein für Erkrankungen aller Art.

So wie der Mond zunimmt,
möge sich auch unser Herz
mit Liebe, unser Wille mit Stärke
und unser physischer Körper mit
Gesundheit und Lebenskraft füllen

Omraam Mikael Aivanhov

1. Übung

Zentrierung im Herzen

Diese Übung dient als Ausgangsposition. Wir stehen aufrecht mit leicht gegrätschten Beinen und beiden Händen flach auf der Brustmitte. Die Augen sind dabei sanft geschlossen.

Nun atmen wir einige Male tief ein und aus. Eine ganz besonders wichtige Voraussetzung für das Gelingen und den Effekt dieser und auch der nachfolgenden Übungen ist das Atmen. Nicht umsonst heißt es, der Mensch ist so gesund wie sein Atem – oder wie Pfarrer Sebastian Kneipp sagte: „Der Mensch ist so stark wie sein Atem!". Schließlich verbindet uns der Atem mit dem Leben. – Atem ist Leben! – Atem versorgt uns mit Sauerstoff und lenkt die Energie. Auch Worte wie „spirituell" oder „Inspiration" gehen auf das lateinische Wort „spiritus" zurück, was sowohl „Geist" als auch „Atem" bedeutet.

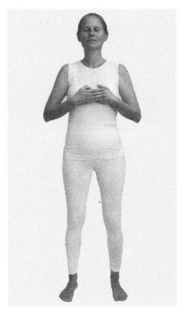

Das Atmen ist ein ganz natürlicher Vorgang, dem kaum einer Beachtung schenkt. Befasst man sich allerdings mit einem Energie-Programm in Verbindung mit Körperübungen, sollten einige wichtige Regeln beachtet werden.

Das Einatmen erfolgt grundsätzlich durch die Nase bei geschlossenem Mund und sollte tief und sanft sein. Wir atmen in den Unterbauch ein, dabei wölbt sich der Unterleib vor und unser Bauch füllt sich wie ein Luftballon. Ohne Anheben der Schultern breitet sich sodann der eingeholte Atem ganz von selbst bis in den Brustkorb und unsere Lunge aus. Das Ausatmen kann sowohl durch die Nase, als auch durch den leicht geöffneten Mund erfolgen. Die Luft wird dabei nach unten gedrückt, der Unterleib zieht sich zusammen, bis der Bauch wieder völlig geleert ist. Für diejenigen, die mit Yoga oder einem anderen Körper-Energie-Training vertraut sind, ist das Atmen in dieser Form selbstverständlich. Für alle anderen bedarf es ein klein wenig Übung.

Wir atmen also einige Male in der oben beschriebenen Weise langsam ein und aus. Wir sammeln uns dabei und richten unsere Aufmerksamkeit nach Innen. Wir spüren wie unser Herz pocht und achten auf diesen Punkt in unserem Körper. Wir spüren die Stelle, wo unsere Hände liegen. Wir spüren die Wärme unserer Hände und wir spüren, wie sich diese Wärme allmählich in unserem Herzen ausbreitet. Wir spüren wie es weiter wird und sich auch weicher anfühlt.

Zur Intensivierung dieses Gefühls oder Empfindens können wir uns eine Sonne vorstellen, deren Strahlen tief in unser Herz dringen. Wir können uns auch eine Flamme vorstellen, die in unserem Herzen brennt und Wärme ausstrahlt. Oder wir versuchen ein goldenes Licht in unserem Herzen zu visualisieren. Reiki-Praktizierende im zweiten oder dritten Grad können das Kraftsymbol oder das Meistersymbol visualisieren. Unserer Vorstellungskraft und unserem Visualisationsvermögen sind keinerlei Grenzen gesetzt. Jeder kann für sich die beste

Möglichkeit finden, die die Wärme im physischen Herzen intensiviert und deutlicher spürbar macht.

Diese erste Übung dient also speziell zur Zentrierung im physischen Organ „Herz" und auf energetischer Ebene im Herz-Chakra.

Wir bleiben einige Minuten ruhig in dieser Position, denn die Wärme im Herzen sollte während der ganzen weiteren Übungsabfolge erhalten bleiben. Die erste Übung ist sozusagen die „Aufwärmübung". Wir fühlen uns gut dabei. Die Gesichtszüge sind entspannt und Ruhe und tiefer Frieden erfüllt uns.

2. Übung

Schulterstand oder Kerze

Diese Position ist eine der wichtigsten Übungen für den Atem. Die Wirkung ist wieder sanft und sehr tiefgreifend. Darüber hinaus symbolisiert sie Reinheit und Anmut.

Wir legen uns zunächst flach auf den Rücken, atmen einige Male tief und ruhig ein und aus und sind ganz bei uns selbst. Wir sind uns der Wärme bewusst, die direkt aus unserer Mitte kommt.

Wir winkeln nun beide Beine geschlossen in Richtung Unterleib ab und heben uns dann mit leichtem Druck des Beckens in den Schulterstand empor.

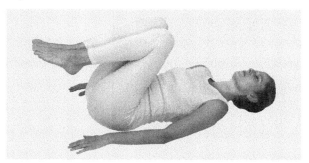

Bitte nicht mit zu viel Schwung oder gar Hochschnellen! – Die Beine nehmen dann eine gestreckte Haltung ein, während wir von hinten mit den Händen den Rücken abstützen.

Diese Übung ermöglicht eine besonders tiefe Bauchatmung. Die Atemwelle sollte dabei in gleichmäßigen Zügen den gesamten Bauchraum erfüllen, was auf körperlicher Ebene den Verdauungsbereich und das ganze Kreislaufsystem unterstützt.
Bei Menschen, die häufig lange Stehen oder Sitzen, hat diese Übung noch einen besonderen Effekt. Sie ist venenentlastend und beugt Krampfadern und Blutstau vor. Sie nimmt den Beinen die Schwere und die Füße werden leicht.

Und noch etwas: Wenn wir diese Übung exakt ausführen, drücken wir dabei automatisch das Kinn gegen die Brust. Während dieser Stellung sondert die Schilddrüse ein Sekret ab, das als natürliche Gewichtskontrolle dient. Wir erkennen also, unser Körper ist mit Systemen ausgestattet, die zwar außerhalb unseres Willens, aber nicht außerhalb des gezielten Wirkens liegen.

Das bewegungslose Verweilen in dieser Position gewährt uns aber vor allem ein inniges Erfassen und Erfühlen unseres Herzens. Tiefe Empfindsamkeit, Wärme und Geborgenheit stellt sich ein, die aus dem Urgrund unserer Seele stammt und aus der Urquelle des Lichts. Für einen Menschen, der in seinem Herzen ruht, heben sich die Gegensätze allmählich auf und „herzliche" Verbundenheit mit allem was ist, lässt ein noch sanfteres Fühlen zu.

Wir bleiben so lange in dieser Position, solange wir uns wohlfühlen. Sicher wird sich mit zunehmendem Training auch die Ausdauer steigern. Ausschlaggebend ist ohnehin die innere Einstellung.

3. Übung

Der Baum

Diese Übung unterstreicht noch mehr das Verbundensein mit dem Großen-Ganzen – ohne dass dabei das Bewusstsein für Individualität verloren geht.

Wir stehen auf einem Bein, während der Fuß des anderen Beines abgewinkelt auf den Oberschenkel des stehenden Beines gestützt ist. Die Arme sind zur Balance waagrecht zur Seite ausgestreckt. Die Handflächen zeigen dabei nach unten.

Mit dieser Übung symbolisieren wir Unabhängigkeit und unser Vertrauen auf eine höhere Instanz. Gottvertrauen ist Selbstvertrauen! Der Weg für jeden einzelnen Menschen liegt nicht in der Trennung, sondern im Verbundensein mit allem. Wir empfinden uns als Teil von etwas Größerem. Was keineswegs heißt, dass wir unsere Individualität aufgeben. Vielmehr erkennen wir sowohl unsere Besonderheit, als auch unsere Verbundenheit.

Wir sind nicht länger abhängig von Meinungen anderer. Wir wissen, dass unsere Entscheidungen die richtigen sind und sind über jeden Zweifel erhaben. Statt Arroganz, Machstreben und Stolz lassen uns die Selbstverständlichkeit und das Selbstverständnis unseres Seins eher bescheiden und demütig sein. – Eine Haltung, die frei ist von jeglicher Egodominanz.

Wir kämpfen nicht mehr im Leben um das Leben, weil wir allem Leben angehören. Anstelle der irdischen, von Menschen gemachten Gesetze, treten die universellen Gesetzmäßigkeiten. Verbundensein mit der Erde bedeutet im Einklang mit der Natur zu leben.

Indem wir uns bei dieser Übung zu einem Baum machen, seine Wurzeln spüren, wie sie tief ins Erdreich fassen, den Stamm, seine Rinde, die Äste, die Stärke und Biegsamkeit gleichermaßen symbolisieren, erkennen wir unser Erdendasein bewusst an. Und wenn wir dann die Arme nach oben strecken und die Hände über dem Kopf zusammenfügen, als würden wir in den Himmel wachsen, zeigen wir auch unsere Zugehörigkeit zum Himmel.

Nichts kann uns erschüttern. Kein Sturm des Lebens lässt uns den Boden unter den Füßen verlieren. Ganz im Gegenteil – jeder Sturm macht uns biegsamer und unserer Wurzeln nur noch stärker. Wir sind verwurzelt in der Erde und ebenso verbunden mit den Sphären des Himmels.

Aus der Verbundenheit von Himmel und Erde erwächst die Bewusstheit unserer eigenen Stärke. Wir wechseln bei dieser Übung auch einmal das Standbein, so dass Gleichklang und Balance beider Körperhälften trainiert und harmonisiert werden. Mit der Zeit stellen wir fest, je mehr wir in unserer Mitte ruhen, umso weniger kommen wir aus dem Gleichgewicht und müssen balancieren.

4. Übung

Fersensitz

Die Übung besteht aus drei Sequenzen, die sich in einer ganz natürlichen Abfolge ausführen lassen. Sie ist noch mehr Bewusstseins- oder Achtsamkeitsübung als die vorangegangenen Übungen und dient vor allem der Öffnung zur inneren Kommunikation, dem Dialog mit unserem inneren Weisen, dem Lauschen unserer inneren Stimme – der Stimme unseres Herzens.
Darüber hinaus fördert diese Übung den Atem und lenkt die Energie ins Herzzentrum, das dabei gestärkt und aktiviert wird. Gleichzeitig werden auch die Gehirnfunktionen stimuliert und Nervosität und Überreiztheit können gemildert werden. Zusätzlich unterstützt sie einen geraden Rücken und verhilft zu einer schönen Haltung.

Wir knien auf dem Boden, während unser Gesäß auf den Fersen ruht. Die Augen sind geschlossen, was den Blick nach Innen fördert.
Zunächst wärmen wir unser Herz noch einmal ganz bewusst auf, indem wir beide Hände flach auf die Brustmitte legen. Wir atmen sanft ein und aus und wie in Übung 1 näher beschrieben, stellen wir durch Visualisation den direkten Kontakt zu unserem physischen Herzen her, bzw. intensivieren diesen.

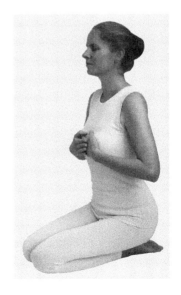

Sobald wir uns der konzentrierten inneren Wärme wieder voll bewusst sind, nehmen wir die Arme waagerecht rechts und links vom Körper in nach oben abgewinkelter Weise nach außen. Die Handflächen zeigen dabei nach vorne. Mit dieser Geste öffnen wir symbolisch unser Herz, machen es weit für die innere Kommunikation und das daraus resultierende äußere Wirken. Wir demonstrieren unsere Bereitschaft, all unsere Schwierigkeiten und unsere Widerstände aufzugeben, um das zu leben und zu sein, was wir wirklich sind. Wir sind offen für alle Erfahrungen, die uns mehr Ganzheit bringen. Überhaupt nähern wir uns mehr dem Seelenhaften in unserem Wesen – unserem wahren Wesenskern.
Wir geben der Liebe Ausdruck – in uns und um uns herum. Wir zeigen Offenheit für geistiges Wachstum und bitten darum, dass all unsere Veränderungen in Frieden, Freude und Harmonie ablaufen. Wir fühlen uns eins mit unserem höheren Selbst und unser Denken, Fühlen und Handeln ist im Einklang mit dem kosmischen Plan. Wir sind offen für die Wunder unseres Lebens. Unser ruhiger und gleichmäßiger Atem verinnerlicht diese Haltung noch, so als sei diese Übung ein einziges Gebet in Stille – Meditation!

Wir unterstreichen dies noch zusätzlich, indem wir nach einigen Minuten – die Länge bestimmt selbstverständlich wiederum jeder für sich – die Arme in langsamer Bewegung nach vorne zusammenführen, bis sich die Handflächen in Gebetshaltung auf Herzhöhe treffen. Die Unterarme und Ellbogen zeigen dabei waagerecht nach außen.

Mit dieser Geste symbolisieren wir die Vereinigung der Polaritäten – der Gegensätze im Leben. Das Herz ist der Bereich, in dem sich die Dualität auflöst. Wir ruhen in unserer Mitte. Wir sind zuhause im Himmel und auf Erden. Wir handeln aus unserer Mitte heraus – alle Entscheidungen sind Herzensentscheidungen. Unsere Wünsche und unser Wille unterstehen dem unendlichen Willen und unser Handeln dient dem Wohle der Gemeinschaft und dem Großen-Ganzen. Überpersönliche Liebe macht unser Herz weit und entfaltet es schließlich ganz.

Anschließend sinken wir langsam mit dem Oberkörper nach vorne, bis unsere Stirn den Boden berührt. Die Arme nehmen wir dabei in gestreckter Haltung nach hinten, mit nach oben gerichteten Handflächen. Wir verweilen eine Zeit in dieser Ruheposition, atmen tief und sanft, lauschen in die Stille unseres Körpers und unseres Geistes und achten dabei besonders auf die tiefen Empfindungen in unserer Herzmitte.

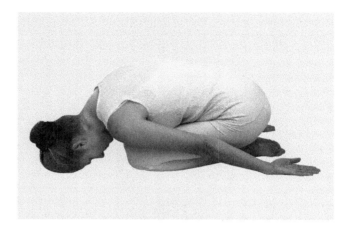

Wie bereits Eingangs erwähnt, sollten die Übungen in Bewusstheit und Achtsamkeit ausgeführt werden.

Achtsamkeit heißt mit voller Aufmerksamkeit und mit allen Sinnen wahrnehmen.

Wir nehmen die äußeren und die inneren Abläufe und Eindrücke gleichzeitig wahr. Das ist ein weitaus umfassenderer Zustand als Konzentration und schließt alles ein.

Achtsamkeit ist die Dimension, bei der es keine Ablenkung gibt – sondern nur reines Gewahrsein.

Die Zeit und die Länge spielen dabei nur eine bedingte Rolle. Wir praktizieren jede Übung ca. 3 Minuten. Was eine Gesamtzeit von nicht mal einer Viertelstunde pro Tag ausmacht.
Eine Viertelstunde täglich und der Körper als Tempel unserer Seele spiegelt die Anmut des Herzens wider.

Affirmationen und neurolinguistisches Programmieren (NLP)

Wir selbst sind die Schöpfer unseres Lebens! – Wir selbst tragen die Verantwortung für das, was sich in unserem Leben manifestiert.

Wir wissen nun, dass jede Art von Energie eine wirkende Kraft besitzt. Dies gilt für Energieformen der Vergangenheit, der Gegenwart und der Zukunft.
Energieformen der Vergangenheit können über lange Zeit als geistige Muster in unsere Gegenwart hineinwirken und wenn wir sie nicht ändern, das heißt wenn wir sie uns nicht bewusst machen und auf eine höhere Ebene transformieren, werden sie auch künftig ihre Wirkkraft nicht verlieren. Alles bleibt in den Schichten unseres Energiesystems, in den Schichten unseres Unterbewusstseins als Erinnerung zurück.

Darum sollten wir jede Art von Unterstützung wahrnehmen, die uns auf unserem Weg zur Selbsterkenntnis und Liebe von alten Mustern befreit und uns immer sicherer voranschreiten lässt.

Gedanken sind eine wirkende Kraft. Je mehr man einen bestimmten Gedanken verfolgt, desto wahrscheinlicher wird er sich in der materiellen Welt verwirklichen. Er drängt danach, sich zu manifestieren. Was nicht immer angenehm sein muss!

Dies ist eine Erfahrung, die mehr oder weniger bewusst, von jedem von uns schon gemacht wurde.

Sind wir jedoch in der Lage, dies zu erkennen, so sind wir auch in der Lage, uns die Kraft der Gedanken zunutze zu machen, um Lebenssituationen oder negative Gedankenstrukturen zu verändern, um unser Leben in positivere Bahnen zu lenken.
Eine positive Lebenseinstellung ist durchaus wünschenswert, soll jedoch nicht als Aufforderung zu ständigem „Positiv-Denken" verstanden werden. Denn gerade allzu zwanghaftes und künstliches Positivdenken kann durchaus dazu führen, einen negativen Pol zu verweigern um ihn umwandeln zu wollen. Was nichts weiter ist, als weiteres und verstärktes Verdrängen und nur zu erneuter Schattenbildung führt. So können auch positiv formulierte Glaubenssätze bewirken, dass man für das Negative in sich selbst empfindungslos wird und seine Wahrnehmung von inneren Konflikten und Problemen ablenkt, indem man sie mit Affirmationen zupflastert, ohne dass eine Veränderung stattfinden kann. Indem man versucht, sie aus dem Bewusstsein zu verdrängen, zwingt man sie geradezu, im Unterbewusstsein ein Eigenleben zu führen.

Also ist auch hier die Perspektive wichtig. Wir müssen uns klar darüber sein, dass wirklich positive Veränderungen nur dann herbeigeführt werden können, wenn die zugrunde liegenden negativen Gedankenmuster klar erkannt und bewusst sind.

Es hat wenig Sinn gegen Ängste anzukämpfen, indem wir uns permanent einreden, keine Angst zu haben. Damit verleihen wir ihnen nur noch mehr Macht.
Angst ist nichts Negatives. Angst als elementaren Aspekt des Lebens anerkennen, nur das befreit uns letztlich vom zwanghaften Festhalten verschiedenster Ängste und Psychosen, denn Angst lässt sich so wenig bekämpfen, wie der Tod.

Erst dann können wir uns neu ausrichten – für mehr Selbstvertrauen, Vertrauen ins Leben, in unsere Kraft, Stärke, Sicherheit und Souveränität für mehr Lebensfreude und eine schöne Zukunft.

Ein weiterer Punkt, der nicht übersehen werden sollte, ist der, dass Affirmationen – ebenso wie Gedanken – wahr werden können! In Bezug auf unsere Gedanken ist es daher lohnend sich beim Denken „zuzuhören" um erst einmal festzustellen, was man da so die ganze Zeit in die Gegend denkt.

Und in Bezug auf Affirmationen kommt es natürlich auch auf die richtige Formulierung an. Der Wunsch nach einem „Leben in Fülle" kann durchaus auch Gewichtsprobleme erzeugen! Da ist es vielleicht ratsamer sich „Reichtum auf allen Ebenen" zu wünschen.
Auch der Wunsch nach einem Partner, der uns bereichert und erfüllt, kann ganz anders ausfallen, als wir uns das vorgestellt haben. Ein Partner, der uns unsere Schattenthemen deutlich macht, ist zwar bereichernd für unsere Bewusstwerdung – falls wir dies dann überhaupt erkennen – aber gewiss auch anstrengend. Erst wenn wir die Beziehung zu uns selbst geklärt haben und erkennen, warum unsere bisherigen Partnerschaften nicht funktionieren konnten, ist der erste Schritt zur Bearbeitung einer diesbezüglichen Blockade gemacht. Wer sich selbst nicht liebt, wird auch die Liebe in seinem Umfeld nicht finden. Wir müssen bereit sein, uns unseren innersten Überzeugungen zu stellen, dann erst entsteht Raum für positive Veränderungen, auch was unsere Beziehungsfähigkeit und unsere Partnerschaften angeht.

Es ist also auf jeden Fall besser, eine Formulierung zu wählen, die schrittweise vorgeht, wie zum Beispiel:
„Ich liebe mich und bin bereit mich all meinen Gedanken und Gefühlen zu stellen, die mich daran hindern, eine glückliche und erfüllte Partnerschaft zu leben."

Dabei werden wir ganz sicher auf das eine oder andere stoßen – je nachdem wie tiefgreifend unsere mentalen Fähigkeiten in Bezug auf unser Unterbewusstsein wirken – das uns Klarheit, Weisheit und Wahrheit beschert. Sind wir dann unserer Selbsterkenntnis wieder einen Schritt näher gekommen, sind unsere Erwartungen frei von Illusionen und Vorstellungen an den Partner – was er denn so alles erfüllen soll – und einer Beziehung stehen alle Möglichkeiten offen, die schließlich zum Gelingen beitragen.

Bei der Formulierung von Affirmationen ist auch noch wichtig, sie immer in der Gegenwartsform auszudrücken. Die Gegenwartsform stellt den gewünschten oder gewollten Zustand bereits als erfüllt dar. Wir bauen sozusagen durch die Affirmation eine Brücke zu unserem Unterbewusstsein – eine mentale Brücke – um es neu zu programmieren. Auf dieser geistigen Ebene existieren keine Zeiten. Alles, was sich dort angesammelt hat, **ist**, und alles was sich dort auflöst und neu bildet, **ist** ebenfalls.

Ich bin bereit für geistiges Wachstum! – Ich bin reich und frei! – Ich bin der Schöpfer meines Lebens und alles dient zu meinem Wohle!

Für all diejenigen, die diese gut gemeinten Ratschläge berücksichtigen, steht der Arbeit mit Affirmationen nichts mehr im Wege.

Ist es das Herz, das die Wortwahl und die Intensität bestimmt, wird auch der Erfüllung des Wunsches nichts im Wege stehen und jeder kann seinem Leben die Richtung geben, die seinem Herzen entspricht.

Wohin du auch gehst,
gehe mit deinem ganzen Herzen

Konfuzius

Meditation

Meditation nimmt in Verbindung mit Bewusstseinsentfaltung einen großen Stellenwert ein, was nicht gleichbedeutend mit Anhängerschaft an die östliche Weisheitslehre verbunden sein muss.

Die günstige psychologische Wirkung von Meditation im Umgang mit unseren Ängsten, Aggressionen und Selbstzweifeln steht außer Frage. Der Geist entspannt sich und ruht im Jetzt. Unvoreingenommen und neutral können sodann die aufkommenden Bilder, Gefühle, Gedanken und Empfindungen erlebt werden, ohne sich von ihnen gefangen nehmen zu lassen. Alles ist wie es ist, ohne jegliche Bewertung.

Es ist Unsinn
sagt die Vernunft
Es ist was es ist
sagt die Liebe

Es ist Unglück
sagt die Berechnung
Es ist nichts als Schmerz
sagt die Angst
Es ist aussichtslos
sagt die Einsicht
Es ist was es ist
sagt die Liebe

Es ist lächerlich
sagt der Stolz
Es ist leichtsinnig
sagt die Vorsicht
Es ist unmöglich
sagt die Erfahrung
Es ist was es ist
sagt die Liebe

Erich Fried

Bei geführten Meditationen wiederum kann sich darüber hinaus eine immense Fülle der Wahrnehmung entfalten, was sich aus dem Zusammenspiel unseres Bewusstseins, den Sinnesorganen und dem Betrachten von Gegenständen, Orten, Situationen und sonstigen Eindrücken ergibt.

So herbeigeführte innere Bilder können dann in ihrer ganzen Tiefe erfahren werden und als Hinweise für verdrängte Erlebnisse und Ereignisse gedeutet werden. Solch verlorene Seelenanteile bieten dann Zugang zu mehr Wahrheit, Klarheit und Intuition und führen darüber hinaus zu mehr Ganzheit und Heilung. So können Ich-Verhaftungen und Fixierungen allmählich losgelassen werden, was wiederum zu mehr Authentizität und Echtheit führt. Denn das ist unser Geburtsrecht – die eigene Echtheit zu erlangen und zu verwirklichen.

Eines der wichtigsten Themen unseres Lebens ist, wie bereits in anderen Kapiteln erwähnt, das Erlösen unseres persönlichen Schattens und die Heilung unserer Gefühle – die Heilung unseres inneren Kindes.

Wenn wir uns beispielsweise meditativ mit unserem inneren Kind verbinden, verbinden wir uns mit unserer Gefühlsebene. Indem wir unmittelbar das Wesen dieses Kindes wahrnehmen - ängstlich, traurig, alleingelassen, wütend, weinend, trotzig etc. - werden wir uns unserer nicht gelebten Gefühle bewusst und unserer Verhaltensmuster mit denen wir heute gegen den Schmerz ankämpfen, womit wir die Energie nur noch mehr an negative Wiederholungen binden.

Meditationen mit unserem inneren Mann bzw. unserer inneren Frau bringen uns sowohl in Verbindung mit unserem gleichgeschlechtlichen, als auch mit unserem gegengeschlechtlichen Anteil unserer Persönlichkeit. Dabei erfahren wir, wie wir zu unserer eigenen Männlichkeit oder Weiblichkeit stehen, indem wir ihnen Gestalt geben. Wir erfahren aber auch, inwieweit wir als Frau / Mann unserem weiblichen / männlichen Potential Beachtung schenken, es leben oder unterdrücken oder gar verleugnen.

Die Meditation mit unserem inneren Weisen, unserer inneren Stimme, der Stimme unseres Herzens, unserem Höheren Selbst, unserer geistigen Führung, dem Adonai, dem Gott – der Göttin in uns, wie auch immer jeder die Institution in sich benennen mag, lässt uns Kraft, Trost, Hilfe, Rat und Eingebung erfahren.
Diese Institution, die doch von so vielem übertönt und von vielen ganz einfach überhört wird und die dennoch immer da ist und da war, stellt die Verbindung zu dem in uns wohnenden Göttlichen her und bringt uns schließlich mit der allumfassenden Weisheit in Verbindung. Sie ist die Quelle all unserer Inspirationen und Intuitionen, die unseren Handlungen Sicherheit und unserem Leben den Sinn geben. Sie hilft unser göttliches Potential zu entdecken und so unseren wahren Wesenskern zu entfalten und zu erfüllen.
Indem wir zu dieser imaginären Stimme ein Wesen oder eine Erscheinung assoziieren, fällt es uns evtl. leichter, sie wieder wahrzunehmen, sich ihrer überhaupt bewusst zu werden und ihr zu folgen.
Für diese Art von Meditation gibt es zahlreiche Tonträger auf dem Markt, so dass jeder sich das aussuchen kann, was für ihn passt und was ihm gefällt.

Ebenso beliebt ist sanfte, instrumentale Entspannungsmusik, die das Erreichen eines meditativen Zustandes unterstützt, so dass die Möglichkeit besteht, sich mit Bezugspunkten unseres Unterbewusstseins zu verbinden, was einerseits eine reinigende Wirkung hat und andererseits wiederum zu mehr Klarheit und Verständnis der eigenen Lebensumstände beiträgt. Was aber auch auf eine gewisse „Leere" hinwirkt, die einen meditativen Zustand letztlich ausmacht.

Doch was ist überhaupt ein meditativer Zustand? – Wie erreicht man ihn am besten? – Wie soll man sich dabei fühlen? – Wo oder wie soll

man dabei sitzen – im Lotussitz oder mit „normal" verschränkten Beinen? Auf einem besonderen Meditationskissen ohne Rückenlehne oder doch besser auf einem Stuhl mit gerader Lehne? – Kniend oder liegend?
Alles Fragen, die durchaus berechtigt sind und in einer Fülle von Literatur und Kursen näher behandelt werden.

Ich bin der Meinung es gibt keine richtige oder falsche Methode. Grundlage sollte vielmehr eine einfache, nachvollziehbare Art sich zu entspannen sein, sich von Eindrücken, Gedanken, Ablenkungen zu befreien, nach einigen tiefen Atemzügen schließlich seinem Atem folgen und versuchen einen mehr oder weniger passiven – aber nicht minder wachen – Geisteszustand zu erreichen.
Eine gewisse Regelmäßigkeit ist auch hier wichtig, was als Übung dient um den gewünschten Effekt zu erzielen – den jeder einzelne auf seine ganz subjektive Art zu erkennen und auch zu spüren vermag.

Nach eigener Erfahrung ist aufrechtes Sitzen mit geradem Rücken, leicht gegrätschten Beinen und den Füßen auf dem Boden – zur besseren Erdung – die problemloseste und am leichtesten nachvollziehbare Meditationshaltung, was uns Nicht-Yogis betrifft. Die Hände liegen dabei entspannt im Schoss, wobei die linke Hand mit nach oben gerichteter Handfläche schalenförmig die rechte Hand aufnimmt.

Im Liegen zu meditieren ist evtl. nicht so gut geeignet, weil es möglicherweise zum Einschlafen verführt und somit den Zweck des inneren Gewahrseins und der Achtsamkeit verfehlt.

Doch selbstverständlich sollte auch hier wieder jeder die Art praktizieren, die ihm am besten liegt und mit der er sich wohlfühlt. Dies trifft sowohl auf die körperliche, als auch auf die geistige Haltung zu. Dem einen gelingt es seine Gedanken schneller loszulassen, der andere braucht etwas länger. Am besten hilft dabei die Konzentration von den Gedanken weg, auf den Atem zu lenken.

Bei einer geführten Meditation, wie anfangs in diesem Kapitel beschrieben, ist es ohnehin so, dass sehr bald entsprechende Bilder aufsteigen, die dann durchaus eine gewisse Eigendynamik entwickeln können, verbunden mit Empfindungen und Eindrücken.

Bei all den genannten Vorschlägen handelt es sich weder um eine neue Technik oder besondere Methode, noch möchte ich jahrtausende alte historisch-religiöse Meditationsüberlieferungen be- oder gar abwerten, die von uns westlich orientierten Menschen ohnehin meist nur ansatzweise nachvollzogen werden können.

In den USA wurde beispielsweise vom Mind-Research-Laboratory eine Technologie entwickelt um Gehirnwellenmuster zu verändern. Dabei wurden sanfte Meditationsklänge mit einer Klangmatrix verschiedener Tonfrequenzen kombiniert und unterlegt, um auf diese Weise die rechte und linke Gehirnhälfte zu synchronisieren. Absichtlich wird also ein Frequenz-Muster erzeugt, welches den Zustand tiefer Meditation begünstigt.

Meditation ist ein Mittel zur geistigen Zentrierung und ein Zustand der inneren Kommunikation. Es ist ganz bestimmt kein Dämmerzustand und auch kein Weg um irgendwohin abzudriften.

Die Kommunikation mit unbewussten Ebenen schafft die Basis für einen Weg, der uns letztlich durch Information zu einem liebevolleren Handeln oder einem sicheren Nichthandeln verhilft und so die Kraft unseres Herzens zum Tragen bringt.

Alles ist in uns selbst enthalten.

Meng Dse

*Alles Lernen ist nur das Wegräumen von Ballast,
bis so etwas übrig bleibt
wie eine leuchtende innere Stille.
Bis du merkst, dass du selbst der Ursprung
von Frieden und Liebe bist.*

Sokrates

Energienahrung – Lichtnahrung

Sich nur von „Prana" zu ernähren, wird für die Mehrzahl von uns Erdenbewohnern wohl eher nicht die Realität sein. Doch jeder Mensch, der in seiner geistigen und seelischen Entwicklung fortschreitet, wird über kurz oder lang auch zu mehr Bewusstheit bezüglich seiner Essgewohnheiten und seiner Ernährung kommen.
Die Meinungen hierzu mögen so vielfältig wie die Anregungen sein und mir liegt es absolut fern, zu diesem Thema etwaige weitere Gebote oder gar Verbote aufzustellen oder anzubieten.

Aber eines ist ganz sicher: Ob Trennkost, Vollwertkost, Rohkost, Hausmannskost oder Fast-Food – *„Man ist, was man isst!"* – Dies wusste bereits Ludwig Feuerbach (1804-1872), Philosoph und Hegel-Schüler.

Essen ist Leben, Leben ist Energie – de facto – Essen ist Energie!

Ganz wichtig erscheint mir, dass eben, wie alles in unserem Leben, auch unsere Ernährungsweise unter einem ganzheitlichen Aspekt betrachtet und behandelt wird und sowohl gefühlsmäßig, als auch gedanklich zu unserem Lebensstil und zu unserem konstitutionellen und geistigen Typus passt, damit nicht nur dem Körper, sondern auch unserem Geist und unserer Seele Nahrung zugeführt wird.

Was nutzen alle Ernährungsvorschriften, Diätpläne und guten Vorsätze, wenn es eine Qual ist, sie einzuhalten. Überhaupt sollte auch hier jeglicher Dogmatismus oder gar Fanatismus vermieden werden. Egal ob es sich dabei um Verfechter reiner Rohkost, um Vegetarismus, Kalorientabellen, Fastenkuren, Abmagerungsprogramme, Entschlackungsmaßnahmen oder sonstige selbst auferlegte oder aufoktroyierte Zwänge handelt – Zwang führt nur selten zum gewünschten Erfolg und trägt auch nicht zum allgemeinen Wohlbefinden bei.

Essen ist eine ganz individuelle und durchaus sinnliche Angelegenheit und jeder sollte sich die Ernährungsform gönnen oder gestatten, die ihm schmeckt, die ihm bekommt und die ihm gut tut – und zwar auf allen Ebenen – der körperlichen, der geistigen und der seelischen.

In wie weit ganz auf tierische Produkte verzichtet wird, auch das sollte niemals erzwungen werden, sondern aus einem inneren Wunsch heraus geschehen und dem eigenen Lebensmotto entsprechen. Alles andere ist vielleicht gewollt, aber dennoch aufgesetzt. Selbstverständlich ohne dabei unser Auge und unser Herz vor der gequälten, geschundenen und missbrauchten Kreatur zu verschließen.
Deshalb gilt auch hier: Man ist, was man isst!

Je mehr „Lichtinformation" oder anders ausgedrückt, je mehr Sonnenkraft in einer Nahrung gespeichert ist, umso wertvoller ist sie. Somit müsste man annehmen, frische lebendige Pflanzenzellen von reifem Obst, Salat und Gemüse seien die besten Vermittler dieser oben erwähnten Sonnenenergie, die dann wiederum für die so sehr gewünschte Vitalität, Ausdauer und körperliche und geistige Leistungskraft sorgt.

Doch wie schaut es wirklich aus? – Ist das Obst, das wir zu uns nehmen tatsächlich „sonnengereift"? – Der Salat, das Gemüse ohne Schädlingsbekämpfungsmittel und chemische Düngestoffe?

Sind die tierischen Produkte frei von hormonellen Beigaben und aus artgerechter Haltung und Aufzucht? Ist dort wo „bio" draufsteht auch „bio" drin? Und außerdem, was garantiert dieser Zusatz überhaupt? Wie schon erwähnt: man ist, was man isst! – Dies gilt auch für Vegetarier!
Im Übrigen – sind nicht auch Pflanzen Lebewesen? – Nun gut, sie haben keine Augen, die uns mitleidvoll anschauen können und geben auch keinen Laut von sich, wenn wir sie mit eisernem Griff von den Bäumen und Sträuchern rupfen oder erbarmungslos aus dem Boden reißen – maschinell versteht sich.
Wahrscheinlich werden manche nun sagen: Na, was denn nun? Von irgendetwas müssen wir uns schließlich ernähren!

Pflanze und Tier, beides steht uns zur Ernährung zur Verfügung – aber nur und ausschließlich unter dem Vorbehalt und der Achtung göttlicher Schöpfung und niemals anmaßender Missachtung und macht- und profitgieriger Ausbeutung. Das ist nicht nur ein Akt der Moral oder Ethik, vielmehr liegt hier der seelische Aspekt, den Nahrung erfüllt und den auch wir zu erfüllen haben. Was wir essen möchten, ist von uns in gebührend respektvoller und gewissenhafter Weise zu behandeln.

Seit Anfang der neunzehnachtziger Jahre ist nunmehr ein pflanzliches Nahrungsergänzungsmittel auf dem Markt, das von sich Reden macht, dessen volles Potential bei weitem noch nicht entdeckt und erforscht ist und das dennoch so etwas wie eine alles verbindende Lücke schließt – und zwar bezüglich Ergänzung und Verwertung unserer täglichen Nahrung gleichermaßen.

Ich spreche von Spirulina platensis, der blaugrünen Alge, die von Ernährungswissenschaftlern als „lebendige Wundernahrung" bezeichnet wird.

Dabei handelt es sich weder um eine Meeresalge, noch um Süßwasseralgen, sondern um eine Mikroalge, welche laut weltweiter Forschungsergebnisse bereits 3,5 Milliarden Jahre alt ist. Allein das könnte man schon als ein Wunder ansehen – eine Pflanze, die einen derartig langen Zeitraum „überlebt" hat! Doch dem nicht genug. Die Wirkungsweise auf den menschlichen Organismus ist mindestens genauso spektakulär.

Spirulina platensis wird in tropischen und subtropischen Binnengewässern angebaut – in so genannten Lakeseen mit stark alkalischem Wasser (sehr hoher pH-Wert). Doch für ihr Wachstum und ihr Gedeihen ist vor allem eine extrem hohe Sonneneinwirkung erforderlich. Mittlerweile existieren dafür regelrechte „Sonnenfarmen", da die natürlichen Vorkommnisse den Markt bei weitem nicht mehr abdecken.

Aber auch hier ist es natürlich wichtig, sich einen Anbaubetrieb dieses wertvollen Nahrungsergänzungsmittels zu suchen, der in Bezug auf Reinheit und Nährstoffdichte strengste Qualitätskontrollen durchführt und bei dem ein absolut pestizid- und herbizidfreier Anbau selbstverständlich ist (wie bei allen Nahrungsergänzungsmitteln und Nahrungsmitteln die wir uns aussuchen und nicht immer eine leichte Aufgabe).

Spirulina platensis ist „Lichtnahrung" im wahrsten Sinne des Wortes, denn wie keine andere Pflanze, ist sie in der Lage, Sonnenenergie zu speichern. Diese Biophotonenenergie, also Energie, die durch lebendige organische Substanzen aufgenommen und an die menschlichen Zellen abgegeben wird, führt zu einem zur Verfügung stehen von Energie, die sich dann in Kraft, Ausdauer, Konzentration und Immunstärke zeigen kann.

Inzwischen gibt es unzählige wissenschaftliche Studien, die Spirulina als die Nährstoffquelle bezeichnen, bei der annähernd einhundert zusammenwirkende Nährstoffe, Vitamine, Mineralstoffe, Spurenelemente, Chlorophyll, Pflanzeneiweiß, Aminosäuren etc. – lebensnotwendige Bausteine der Natur – vorhanden sind, die der Mensch zu seiner Gesundheit braucht und dem Körper in optimaler Weise zugeführt werden. Keine noch so ausgewogene Ernährungsweise kann das in der heutigen Zeit leisten.

Darüber hinaus verbessert Spirulina die Nahrungsaufnahme und Nahrungsverwertung und trägt außerdem zur Entgiftung unseres Körpers bei, was zur Entlastung der Leber führt.

Spirulina gilt als Sofort-Energie-Quelle, denn die Vitalstoffe werden direkt durch die Mund- und Magenschleimhaut aufgenommen und sodann über den Blutstrom den Zellen zugeführt. Außerdem enthält Spirulina keinerlei unverdauliche Substanzen, was eine beinahe vollständige Absorption möglich macht.

Spirulina hilft auch bei der Zufuhr von Vitaminen – wer kann schon von sich behaupten, dass sein Speiseplan dies täglich in ausreichender Menge erfüllt? Außer Vitamin C sind in Spirulina alle Vitamine und Mineralstoffe enthalten, die der Körper braucht. Beispielsweise gilt es als weitaus größerer Vitamin-E-Spender als Weizengrassaft oder Weizensprossen. Vitamin E unterstützt die Blutbildung sowie die Zellbildung von Knochen, Gelenken und Haut.

Ein äußerst wichtiger Nerven- und Vitalstoff ist auch Vitamin B12, das oft nur durch tierische Nahrungsmittel aufgenommen wird. Manchmal klagen Menschen, die sich für fleischlose Kost entschieden haben, nach einiger Zeit über Müdigkeit, Nervenschwäche, Energielosigkeit und übersteigertes Kälteempfinden. Spirulina kann auch dem entgegenwirken. Es ist eine sehr ausgiebige pflanzliche Quelle von Vitamin B12 und somit auch für Vegetarier eine Möglichkeit in ausreichender Menge zu diesem wichtigen Vitalstoff zu kommen.

Durch bioverfügbares Chlorophyll sorgt Spirulina für einen höheren Sauerstoffgehalt im Blut und im Körpergewebe, was nicht nur das Blutbild verbessert (trägt zum Aufbau weißer und roter Blutkörperchen bei) und Muskeln und Haut strafft, sondern sich auch in einer gesunden Darmflora und einer gesunden Darmfunktion zeigt. Was die Darmflora betrifft, kommt es durch optimale Verdauung zu weniger Darmparasiten oder anderen parasitären Mikroorganismen. Andererseits unterstützt die Bildung von Laktobakterien im Verdauungstrakt eine regelrechte Darmreinigung.

Wegen der essenziellen Gamma-Linolen-Fettsäuren spricht man Spirulina eine entzündungshemmende Wirkung zu. Diese Fettsäuren, die nicht im Körper synthetisiert werden, sorgen für eine schnellere Wundheilung und beeinflussen arthritische und rheumatische Entzündungsherde und chronische Erkrankungen günstig.

Spirulina enthält weitaus mehr Eisen als roher Spinat und hilft so auch Eisenmangel vorzubeugen.
Ein ausgewogener Calcium- und Phosphoranteil, ein hoher Kaliumgehalt, Selen und Aminosäuren, wie Lysin und Prolin, wirken sich positiv auf Arterien und Herzkranzgefäße aus und beeinflussen Hauterkrankungen (Herpes, Psoriasis, Neurodermitis, Allergien, Pilzinfektionen) günstig.

Wie eingangs erwähnt, muss Spirulina eine ausnehmend hohe Immunfunktion zugeschrieben werden, was alleine schon die Überlebensdauer von 3,5 Milliarden Jahren bezeugt. Durch Einnehmen dieses Präparates können auch wir mit gestärkten Abwehrkräften rechnen.

Spirulina platensis – die blaugrüne Mikroalge – gespeichertes Sonnenlicht – ein Geschenk des Himmels, das uns bis heute erhalten geblieben ist.

Lichtnahrung im wahrsten Sinne des Wortes. Sie verhilft uns zu der Energie, die unsere herkömmliche Nahrung in dieser Ausgewogenheit nicht, nicht mehr oder nur schwer zu liefern vermag. Eine Nahrungsergänzung, die es uns erleichtert, gesund zu leben und zu sein.

Unserem Körper die Nahrung zukommen zu lassen, die er zu seinem Wohlbefinden und zu seiner Gesunderhaltung braucht – auch das ist Liebe.

Natürlich könnte man an dieser Stelle noch viele wunderbare Mittel, die uns die Natur schenkt, aufzählen. Spirulina platensis soll lediglich ein herausragendes Beispiel sein und dazu anregen, sich auf die Suche nach der Nahrung und sog. Nahrungsergänzung zu machen, die für jeden stimmig ist. Auch zu diesen Themen ist viel fundierte Literatur auf dem Markt, die jeden Suchenden inspirieren sollte. Es gibt viel zu lernen und zu entdecken – auf allen Ebenen des Seins!

Inmitten des Wirrwarrs
gilt es das Einfache zu finden

Albert Einstein

Spiritualität – gelebte Liebe

Spiritualität leben – ein spiritueller Mensch sein – in Verbindung mit Bewusstseinsentwicklung sind diese Worte ganz selbstverständlich. Somit soll auch das letzte Kapitel dieses Buches keine allgemein gültige Erklärung für Begriffe sein, die nur jeder einzelne für sich erfahren, erfühlen und erkennen kann, sondern eine Einladung sich auf den Weg zu machen!

Für mich ist Spiritualität der Zustand von innerem Glück und der Gewissheit, mit Gott und der Welt eins zu sein. Es ist nichts „Abgehobenes" und auch nicht „weltfremd", sich als Teil einer großen Einheit zu fühlen, dafür Verantwortung zu tragen und gleichzeitig zu teilen.

Ein Mensch, der geprägt ist von dieser Einstellung, ist sich seines Platzes im großen göttlichen Plan bewusst und all seine Lebensimpulse, sein Denken, Fühlen und Handeln – der Ausdruck seines gesamten Lebens – ist in Übereinstimmung mit der allumfassenden Weisheit und zum Wohle der gesamten Existenz. – Es ist ein Leben in Liebe.

Je mehr wir auf unserem Weg der Selbsterkenntnis und Eigenverantwortung nach Ehrlichkeit, Echtheit, Wahrheit, Freiheit und Ganzheit trachten, umso leichter fällt es uns, die Motive unseres Denkens und Handelns auf die Liebe zum Großen-Ganzen auszurichten. Immer leichter können wir dann eine Struktur des liebevollen Geschehenlassens aufbauen, das sich durch immer größer werdende Kreise in unserer äußeren Welt zeigt. – Wie Innen, so Außen!

Jeder einzelne, der an seinem Heilsein arbeitet, arbeitet gleichzeitig an der Heilung der gesamten Erde. Wer die Probleme der Welt lösen will, darf nicht vergessen, seinen eigenen Haushalt in Ordnung zu bringen, seine ganz spezielle Beziehung zu sich selbst und seiner nahen Umwelt.
Unsere Persönlichkeit, aber auch die ganze Welt wird transformiert durch die Beteiligung jedes einzelnen. Denn genau das, was bei uns Menschen im Ungleichgewicht ist, spiegelt auch unser Planet wider – im Großen wie im Kleinen! Jeder, der mit den kosmischen Gesetzmäßigkeiten vertraut ist, kann dies nachvollziehen.

Die Aufgeschlossenheit für innere Wege ist enorm gewachsen und immer mehr Menschen sind sich dessen bewusst, dass der Frieden in der Welt nicht durch äußere Mittel allein herzustellen ist. Jeder einzelne muss zuerst Frieden in sich selbst finden, um sich der Verantwortung gegenüber allem Leben bewusst zu werden. Schließlich leben wir alle in einer Welt.

Dabei geht es nicht darum, Überzeugungsarbeit zu leisten und andere missionieren zu wollen, denn ausschließlich die Menschen nehmen von den hier angesprochenen Themen Notiz, für die der Zeitpunkt gekommen ist, sich speziell damit zu beschäftigen. – Auch das ist Resonanz!
Vielmehr sollten wir den freien Willen anerkennen, jeden das glauben zu lassen, was er für wahr hält und damit auch zuzulassen, dass sich diese subjektive Wahrheit verändert – und damit auch der Glaube und die Realität.
Alles andere sind Anstrengungen, die aufgrund schwieriger Realisierbarkeit eher zu Negativität, als zum Glücklichsein führen.

Nur so können feste Strukturen allmählich aufgeweicht werden und sich wandeln. Damit lösen wir immer mehr das auf, was uns trennt und trachten nach dem, was uns verbindet. Dies gilt für zwischenmenschliche Beziehungen in unserem Leben (Partnerschaft, Familie etc.) ebenso, wie für den Rest der Welt.

Wenn wir uns den ewigen Wahrheiten wieder öffnen, die in den universellen Gesetzmäßigkeiten enthalten sind, dann bedeutet das nicht, sich überholten Traditionen zu unterwerfen, sondern vielmehr das Erkennen und das tiefe Verstehen der Zusammenhänge allen Lebens.

Spiritualität steht nicht im Gegensatz zur so genannten Materie – weltliche Güter, irdisches Glück. Spiritualität bedeutet stattdessen, die geistigen Aspekte all dessen zu erkennen, hinter die Kulissen zu blicken, ihre Zusammenhänge zu ergründen – im eigenen Leben, wie im Großen-Ganzen. Das Leben in all seinen Formen und Inhalten als das zu sehen, was es ist – eine Lernmöglichkeit, unsere eigenen Schöpfungen zu durchleuchten und besser zu „durchlichten". Durch die Erforschung und Entdeckung unserer eigenen verborgenen Wahrheit, stoßen wir schließlich auf die Wahrheit der gesamten Schöpfung. Die Wahrheit ist dann nichts abstraktes, sondern wird zu einem Stück Realität durch Erfahrung.

*Die wahre Entdeckungsreise besteht
nicht darin, dass man neue Landschaften sucht,
sondern dass man mit neuen Augen sieht*

Marcel Proust

Beim Einen geht dieses Suchen, Entdecken und Finden langsamer, beim Anderen etwas schneller. Zeit spielt dabei keine Rolle, aber Geduld – Geduld haben mit sich selbst, mit denen deren Auffassungsgabe etwas langsamer arbeitet und Geduld haben mit dem Leben an sich – jedem und allem seine Zeit zu lassen, darauf kommt es an. Geduld sollte jedoch nicht verwechselt werden mit Unterwerfung in schicksalhafte und vorbestimmte Lebensumstände oder Selbstaufgabe. Denn so wie es keine Zufälle in unserem Kosmos gibt, so gibt es auch kein vorbestimmtes Schicksal. Alles in unserem Leben sind selbsterschaffene geistige Muster, Strukturen und Begrenzungen, die doch jederzeit verändert werden können. Das zu entdecken und zu begreifen, erfordert oftmals am meisten Geduld – auch das ist Spiritualität.

Sich selbst als den Schöpfer seines Lebens zu erkennen und Verantwortung dafür zu übernehmen, darin liegt letztendlich die einzige Möglichkeit, sich all seinen Ängsten und Widerständen zu stellen, die uns daran hindern, die Liebe in ihrer ganzen Macht zu spüren, zu erfahren und zu leben.
Denn das einzig wirkliche Ziel von spirituellem Wachstum und ganzheitlicher Entwicklung ist die Liebe.

Unser derzeitiges Bewusstsein in Liebesbewusstsein zu transformieren – das ist wahre Alchemie. Wir selbst und unser ganzes Leben sollten zu einem Medium der Liebe werden und jedem Beistand leisten, der sich diesem Weg anschließen möchte. – Nicht in dogmatischer oder missionarischer Weise, sondern mit der Kraft und Weisheit unseres Herzens.

Weder Schulbildung, noch Studium oder Titel und Diplome qualifizieren uns für inneres Wachstum und Bewusstheit, sondern nur die Bereitschaft und der innige Wunsch, sich auf unser wahres Wesen einzulassen und der Stimme unseres Herzens wieder Gehör zu schenken.

Das Herz öffnen und die Liebe leben, gibt uns die Klarheit darüber, warum wir hier auf Erden sind und darüber hinaus die Kraft uns dieser Aufgabe zu stellen und sie zu erfüllen. Unseren Dienst und unser Dienen unterstellen wir der Macht der Liebe.

Indem wir uns auf die Suche nach uns selbst machen, begeben wir uns auf die Suche nach unserer Persönlichkeit und unserer Individualität gleichermaßen. Erst dann erkennen wir die Schwächen und Fehler anderer, als unsere eigenen. – Wie könnten wir sie sonst wohl wahrnehmen?
Der spirituelle Weg bedeutet nicht, diese Fehler und Schwächen oder unsere psychischen Wunden und Verletzungen zu analysieren, sondern sie vielmehr durch Wahrnehmung zu erlösen – anzunehmen und als eigene Persönlichkeitsanteile zu integrieren. Annehmen und Loslassen ist ein und dasselbe. Nur das Anerkennen und die Integration schaffen die Veränderung. Wir erlösen uns, wir erlösen die anderen und wir erlösen die Welt, wenn wir all unser Tun als Beitrag zur Heilung des Universums betrachten. – Das ist Spiritualität. Das ist Liebe.

Es ist die Liebe, die all unser Tun lenkt. Unser Handeln ist zielgerichtet. Wir sind uns bewusst, was wir tun und warum wir es tun. Auch der Folgen sind wir uns bewusst und unsere Entscheidungen sind weder selbstbezogen, noch egoistisch. Wir handeln aus unserer Mitte heraus – aus unserem Herzen.

Spiritualität ist die Bewusstheit für eine höhere Macht. Je offener unser Herz ist, umso besser sind die Wahrnehmung und die Kommunikation mit dieser höheren Intelligenz. Sie ist nicht außerhalb von uns. – Sie ist in uns! In jedem von uns!

Es ist die Stimme unseres Herzens und der direkte Draht zu unserem Höheren Selbst und der göttlichen Führung. Die Stimme unseres

Herzens lenkt unsere Entscheidungen und Handlungen, die auf unser Wohl und auf das Wohl des Großen-Ganzen ausgerichtet sind.

Spiritualität heißt, auf diese höhere Macht oder einer höheren Ordnung vertrauen. – Das ist Gottvertrauen!
Dabei geht es nicht mehr um Anerkennung und Gewinn, um Lob und Erfolg, um eine gewisse Absicht oder ein bestimmtes Resultat, sondern um das vertrauensvolle Einlassen auf den natürlichen Fluss des Lebens – das Geschehenlassen und Annehmen, das Loslassen und Hingeben.

In unser Inneres zu schauen und sich einer tieferen Wahrnehmung zu öffnen, ist nicht gleichbedeutend mit Introvertiertheit oder einem sich abwenden von der Welt und dem Weltgeschehen. Vielmehr lässt uns unser eigenes spirituelles Wachstum offener sein für die Bedürfnisse und die Ängste unserer Mitmenschen. Sensibilität, Sensitivität, Mitgefühl, Toleranz und Akzeptanz sind die Schwerpunkte, die unserem Zusammenleben und unserem Leben Bedeutung, Inhalt und Richtung geben.

Nur unser eigener spiritueller Reichtum schafft die Fülle, aber auch die Bereitschaft zu teilen und zu helfen. Denn unser Teilen und Helfen ist nicht zweckgebunden – auf Zurückbekommen, Spendenquittungen und Steuervorteile fixiert. Wer selbst von allem genug hat, kann auch mit Freuden teilen. Nicht Märtyrertum und Helfersyndrom sind die Grundlage für Nächstenliebe und Hingabe, sondern selbstloses Dienen aus Überfluss des Herzens heraus. Wir dienen dem Leben, weil es heilig ist. – Das ist die Energie, die sich von alleine potenziert. Denn die Größe unseres Herzens richtet sich nur danach, wie sehr wir selbst lieben.

Wer sich der Quelle seines Lebens bewusst ist – der nie versiegenden göttlichen Quelle – der ist auch für andere ein Labsal – ohne Angst sich zu verausgaben. Das Leben ist Geben! – Je mehr wir geben, umso mehr bekommen wir. Wir geben aber nicht um zu bekommen. Wir geben aus vollem Herzen.

Je mehr unsere Liebesfähigkeit und unsere Herzensgüte zunehmen, umso freier sind wir von Egodominanz und umso größer werden unsere Selbstsicherheit und unser Selbstvertrauen. Wir sind nicht länger auf die wohlwollende Beurteilung, den Zuspruch und die Anerkennung anderer angewiesen. Verstand und Gefühl sind in Balance und unsere Entscheidungen und Handlungen geschehen weder aus innerem oder äußerem Zwang heraus, noch sind sie in irgendeiner Weise kontrolliert oder mit Hintergedanken belegt. Sie sind reines Bewusstsein und der Ausdruck unserer eigenen Göttlichkeit, die sich dann offenbart, wenn unsere Stärke aus der Haltung einer natürlichen Demut kommt. Auch Demut hat nichts mit Unterwürfigkeit und Unterwerfung zu tun. Demut ist weder Niederlage noch Resignation, sondern Ausdruck innerer Gelassenheit, wodurch Hingabe überhaupt erst möglich ist.

Diese Hingabe an das Leben, unterstützt aus der Urquelle des Lichts, hilft uns, den Himmel und die Erde miteinander zu verbinden. Unter diesem Aspekt wird das Leben zum Gottesgeschenk und wir wiederum beschenken die ganze Welt.

Wer bereit ist, sich seinen tiefsten Ängsten zu stellen und die Angst selbst als natürlichen Aspekt des Lebens anerkennt, wird feststellen, dass sie die Quelle der Kraft ist, die unsere spirituelle Entwicklung in Gang setzt. Wer sich öffnet und verletzlich macht, der setzt Energie frei, die die Basis für Erneuerung schafft.

Die Angst vor Kontrollverlust, wie sie sich im Opfer-/Täterprinzip seit ewigen Zeiten wiederholt, wird dann transformiert in das Liebesprinzip – bei dem all unsere guten Eigenschaften und Charakterzüge zum Einsatz kommen, die wir vom Himmel für unseren Weg durchs Leben mitbekommen haben.

Wir sind nicht auf die Welt gekommen, um ihr zu entfliehen, sondern um sich voll auf sie einzulassen und mit ihr zu verbinden. Wir sind auf die Welt gekommen, um das Beste aus uns zu machen. Das Beste aus uns und aus unserem Leben. Wir sind auf die Welt gekommen, um all unseren Schmerz zu heilen – aus Liebe zu uns selbst!

Die Verbundenheit mit der Erde und all ihren Geschöpfen gibt uns die Sicherheit, um der Welt zu dienen und doch in den Himmel zu streben. – Das ist gelebte Spiritualität. – Das ist Liebe!

Das einzig Wichtige
im Leben
sind die Spuren der Liebe,
die wir hinterlassen
wenn wir gehen.

Albert Schweizer

Epilog

Liebe Leserinnen und Leser,

ich danke Ihnen, dass sie meinen Ausführungen über die Liebe als schöpferische Kraft, als Basis und als Inhalt des Lebens, bis hierhin gefolgt sind.
Auch dieses Buch ist ein Produkt der Liebe! – das Manuskript ist in einer Zeit entstanden, in der ich selbst sehr gefordert war. In einer Zeit des Umbruchs, des sich Auflösens alter Strukturen und Bindungen, einer Zeit des Geschehenlassens und des Loslassens, einer Zeit des Abschiednehmens von Menschen und bisherigen Werten, einer Zeit der Trauer, der Sehnsucht und des Neubeginns. Auch das Erkennen und Annehmen von Schattenthemen gehört dazu, denn Entwicklung und Wachstum nimmt nie ein Ende, egal wie lange wir uns schon auf dem spirituellen Weg befinden.

Das Schreiben hat mir geholfen, Altes, ins Bewusstsein gebrachtes zu vertiefen, zu klären, zu verstehen und zu erlösen. Ängste, Selbstzweifel, Stolz und Selbstschutz waren Begrenzungen, durch die ich mich allzu lange daran gehindert habe, mein volles Potential auszuschöpfen und zu leben. Ich habe erkannt, dass ein Leben auf „Sparflamme" auch immer ein Leben voller Entsagungen und verlorener Träume bleibt. Selbstverwirklichung und Ganzheit ist nur durch Selbstachtung und Akzeptanz all seiner Bedürfnisse möglich – ohne Konzessionen und mit aller Konsequenz und unter Berücksichtigung der eigenen moralischen und sozialen Aspekte. Alles andere ist Selbstverleugnung und Selbsttäuschung.

Mein Wunsch ist, all diejenigen zu unterstützen ihren wahren Bedürfnissen auf die Spur zu kommen, indem sie ihre bewussten und verborgenen Lebensinhalte durchforsten, geistig durchdringen und so der Verwirklichung ihres Wesens immer näher kommen. Jeder der auf Grund abgeschlossener Erkenntnisprozesse zu einem gewandelten Bewusstsein gelangt, wird auf seinen großen inneren Reichtum stoßen und etwas ganz eigenes daraus machen. Wovon all seine Mitmenschen zweifelsohne partizipieren und oftmals auch ohne Worte tiefe seelische Kontakte entstehen können.

In der Medizin werden allgemein nur die Anatomie und die Physiologie des Menschen berücksichtigt und in der Psychologie die seelische Verfassung oder Verkümmerung auf äußere Umstände bezogen. Doch das Allerwichtigste wird völlig außer Acht gelassen – das Erkunden des Energiesystems, das Studium unserer feinstofflichen Ebenen, in denen sowohl die Ursache jeder Krankheit, als auch die Heilung liegt.

Ich möchte mit meiner Arbeit auch dazu beitragen, Brücken zu bauen, zwischen Schulmedizin, Schulpsychologie und einem Urwissen über die Zusammenhänge allen Lebens. Esoterik ist nicht länger ein Begriff, der von Wissenschaftlern belächelt und von Unwissenden und Skeptikern als mystischer Hokuspokus und Spinnerei abgetan werden darf. Esoterik ist die Summe alten Wissens, um das sich viele Geheimnisse ranken, die unsere jetzige Zeit mit ihrer neuen Energiequalität ans Licht bringt und zu mehr Selbsterkenntnis, Selbstverständnis, Selbstverantwortung, Selbstsicherheit und Selbstwert beiträgt – und uns allen hilft zu mündigen, souveränen und bewussten Menschen zu werden. Dabei brauchen wir nur das, was bereits in uns vorhanden ist, freilegen. Dafür ist man weder zu jung, noch zu alt.
Die Botschaft des Himmels ist ein von Illusionen, Bewertungen, Urteilen, gefühlsmäßigen Bindungen, destruktiven Glaubenssätzen und sonstigen Zwängen befreites Herz.

Das ist „freie Liebe" im wahrsten Sinne des Wortes.

Monika Lydia Strobel *Stockach im Mai 2008*

Danksagung der Herausgeberin

Mein inniger Dank gilt meinem Geliebten, Ehemann und bestem Freund, Günter. Sein Geleit und seine Liebe auf dem Weg der Erkenntnis geben diesem Erdenleben Sinn. Ich bin froh, dass wir die Zeichen erkannt und unsere Verabredung eingehalten haben.

Dank gilt auch meinem Vater für seine Liebe, seine Unterstützung, seine Kraft und sein großes Talent die materielle Ebene dieser Welt zu meistern, woran er seine Familie immer hat teilhaben lassen.
Außerdem danke ich Dominik Maier für sein wachsames Auge bei der Korrekur des Textes. Der gemeinsame finale „Feinschliff" war mir eine große Hilfe und Freude. Danke für das intensive Einlassen auf das Projekt und die klaren und einfühlsamen Worte.

Ebenso danke ich Nils Hoffmann, der mir mit viel gestalterischem Feingefühl seit über 20 Jahren bei den Katalogprojekten meiner Firma kreativ zur Seite steht. Einmal mehr durften wir erleben, dass unsere Vorstellungen Hand in Hand gehen und sich fast ohne Worte in die Tat umsetzen lassen. Unser erster Ausflug in die Buchgestaltung hat viel Freude gemacht - Fortsetzung folgt!

Und, last but not least, herzlichen Dank an meine lieben „Probeleserinnen". Meiner lieben Freundin, Helga Maier, für ihr großes Interesse und ihre Einfühlsamkeit und meiner lieben Nachbarin und Freundin, Marion Karr, für die wunderbare Idee zur Covergestaltung und die liebevollen Kommentare zum Text. Schön, dass es Euch gibt!

Selbiges gilt auch für meine himmlischen Helfer, die mir stets zur Seite stehen und mir kraftvolles Geleit geben, wohin der Weg auch führt. Danke, danke, danke!

Nicola Vaas   *Ebersberg im Mai 2023*

Genius Astri

*Durch die Kette deiner Leben
erdennah und erdenfern –
immer segnend dir zu Häupten
hält dein Engel deinen Stern.*

*Geh in Grauen, Not und Schande,
wandre aller Hoffnung bar,
auch im allertiefsten Dunkel
flammt das Licht, das ewig war.*

*Unter Dornen, unter Rosen,
unbeirrt seit Urbeginn
leuchtet über deiner Seele
das urewige "Ich bin".*

*Jede Nacht kannst du es schauen,
neu zu jedem neuen Tag
rührt dich reinigend und sühnend
deines Engels Schwingenschlag.*

*Und befreit die Todesstunde
deines Wesens wahren Kern –
heimwärts in die ewige Heimat
trägt dein Engel deinen Stern.*

Manfred Kyber